U0962712

合肥市青年路小学

Hefei Qingnianlu Primary School

图说尚美

——合肥市青年路小学办学理念与实践

徐翠银 等/著

ARTTIME 时代出版
时代出版传媒股份有限公司
安 徽 文 艺 出 版 社

图书在版编目(CIP)数据

图说尚美/徐翠银等著. —合肥:安徽文艺出版社,2014.12
ISBN 978-7-5396-5258-0

Ⅰ.①图… Ⅱ.①徐… Ⅲ.小学教育-美育-教学研究-图解 Ⅳ.①G623.70264

中国版本图书馆 CIP 数据核字(2014)第 295986 号

出 版 人:朱寒冬
责任编辑:黄 佳 何 健
装帧设计:叶 露 开 畅/图语设计

出版发行:时代出版传媒股份有限公司 www.press-mart.com
安徽文艺出版社 www.awpub.com
地 址:合肥市翡翠路 1118 号 邮政编码:230071
营 销 部:(0551) 63533889
印 制:安徽金日印刷有限公司 (0551)65376638

开本:787×1092 1/12 印张:12.5 字数:220 千字
版次:2014 年 12 月第 1 版 2014 年 12 月第 1 次印刷
定价:66.00 元

(如发现印装质量问题,影响阅读,请与出版社联系调换)

版权所有,侵权必究

序

一本送给孩子和家长阅读的书

初识徐翠银校长于2008年全国小学校长高级研修班，那时她是培训班的学员之一，实践丰富、乐于分享是她给大家留下的印象。2011年12月，应陈雪梅局长之邀，我来合肥参加包河区首批名校长工作室揭牌暨首届名校长论坛活动，对她的发言——“养良好习惯走成功之路”，我做了这样的点评：做校长的应该首先思考三个问题。一是学校要办成什么样的？二是为什么办成这样的学校？三是怎样去做？效果如何？徐校长的发言很好地回答了这三个问题，所以她的学校在周边学校中迅速发展、提升。那次徐校长的发言给我留下深刻印象的是她对自己的学校有一种发自心底的热爱，是一位有教育理想、教育思想的校长。之后，徐校长邀请我做她们工作室的导师，由此结下一份师生之缘，也因此有机会走进徐校长先后工作过的两所学校。在她辛勤耕耘的卫岗小学，我感受到一份浓浓的“书润童年 爱溢校园”的文化氛围，在她刚刚接手的青年路小学里，她向我介绍的不仅仅是学校的传统优势，更多的是思考——如何在传承青小环境教育特色的基础上提升队伍、发展学校？

2014年4月27日，徐翠银校长带着她的管理团队以及对学校办学理念的深度梳理与思索，来到北师大，找到了我。看到他们洋洋万言的“在传承中创新学校文化”的学校文化建设初稿，看到他们细致详实的学校发展SWOT分析报告，我被深深地打动。我们的教育需要这样有理想、有追求、愿实践的一线工作者，这样一群对教育孜孜以求的一线教育工作者是我们教育希望的源点，而我也非常乐意成为这一希望的助力者。

从春天到夏天，从夏天到秋天，四季在他们思考与实践的脚步中变换着，收获也踏着节拍随之而来。10月25日，当我在苏州实小看到徐校长带来的《图说尚美》一书样稿时，我对同行的朱志勇教授说：“这是一本送给青小的孩子和家长的书，这本书家长和孩子一定会喜欢的。”

仔细翻阅《图说尚美》这本书，我在赞赏徐校长和她的团队工作效率的同时，更加欣赏这本书的创意。首先，这本书与一般意义上学校的画册有很大的区别，书里通篇没有呈现领导关怀、学校荣誉等，取而代之的都是孩子们每天校园生活要遇到的人和事，阅读性强。其次，书中的每一处编排都体现了他们的匠心：学校的办学理念精当简约，书的目录以学校办学实践的七大体系呈现——悠美环境、绽美少年、慧美教师、萃美课程、智美课堂、合美家长、励美管理，七个章节都有一棵知识树来统领本章的小结，每一章都会有一种主题色，比如：在悠美环境中突出学校的绿色，绽美少年选择蓝色，寓意孩子是出于蓝而胜于蓝，指向未来，等等。书中的每一个画面、每一个作品都是取自学校活动，来源于师生和家长，美与趣味的巧妙结合随处可见，让人读来亲切而有启发。

近年来，我们出版编印的教育类书籍如雨后春笋一样层出不穷，这些书的读者大多是教育领域中人，其实，更多的时候我们应该要考虑教育的主体——孩子，让孩子去读关于自己学校的书。我们常常说中国的教育需要“回归”本真。什么叫本真?简单来讲就是要尊重孩子的天性和个性。如果说，每一所学校能够把自己的办学理念和实践通过这样图文并茂的方式呈现给孩子和家长，那么，我们的孩子一定会第一时间喜欢上自己的学校和老师，我认为这也是亲其师、信其道，办学需要有这样把身子蹲下来的视线，这就是对孩子天性和个性的尊重。

现在看来，《图说尚美》这本书虽然还有许多有待于改进和提高的地方，但是它的可贵之处是：不仅打破了传统意义上关于办学理念的书籍、文稿的呈现方式，而是以大量的图片、师生和家长的感言、作品来丰富学校提出的尚美教育，而且，它的推出可能会给我们今后学校编写类似书籍一些有益的启发。期待读过此书的朋友们都能拥有崇尚美、发现美、实践美的慧眼和巧手，为教育真正成为美的事业出一份力量与智慧！

陈锁明

2014年11月12日

核心理念

尚美

办学目标

办一所为每个生命美丽绽放的学校

育人目标

培养真善美的少年

校训

崇尚美 发现美 实践美

前言 从『环境教育』到『尚美教育』

合肥市青年路小学始建于1949年，原名包河小学，后因学校门前的道路得名青年路小学，伴随着共和国的脚步一路走来，学校已发展为一校三址：本部校区位于南一环与徽州大道交口；银杏苑校区位于徽州大道银杏苑小区内，成立于2006年，是合肥市33所小区配套学校之一；鲍岗校区位于滨湖新区牛角大圩内。目前，全校共有45个班级,1918名学生，教师113人。

追溯办学历史，学校曾经隶属于中市区，后从中市区融入西市区，那时，青小的教学质量和教师队伍一直是同类学校中的佼佼者，这源于老一代青小人曾经非常豪迈地提出“管理水平一流，校园环境一流，教师队伍一流，学生素质一流”的办学目标。

步入新世纪，青小又从西市区划入包河区，学校以“环境教育”为突破口创建特色学校，提出“让孩子在优美的环境中学会做人，学会学习，健康成长”的办学追求，以“两爱”和“两会”——“爱生命、爱环境、会学习、会创新”为校训致力发挥环境的育人功能，把环境教育融入到学生的人格教育中，注重培养学生环保意识以及健康的生活习惯和良好的学习习惯，走可持续发展之路，在2009年，学校以“环境教育”为特色跻身合肥市特色学校行列。

2012年，随着包河教育的优质均衡发展之势，学校加入创办最美乡村教育典范项目学校行列——整体接管了滨湖新区不足百人的村小鲍岗小学作为分校区，同时本部校区也增加了一个薄弱学校的学区，仅在这一年学校的生源结构、校区分布、教师组成发生了巨大变化。如何在一校三址的背景下，发挥青小的传统优势，让三校区和而不同，共同发展，是新班子面临的挑战。带着这份思考，学校开展了全员参与的SWOT分析，大家从上个世纪的“校园环境一流”到本世纪前十年的“让孩子在优美的环境中学会做人，学会学习，健康成长”中找出属于青小的一份文化基因，那就是对美的环境、美的教育的追求。随后，全校几经上下，反复斟酌，通过专家、学者把脉，家长献策，逐渐丰富了对“优美环境”的诠释与解读，终于明确了“尚美”是新时期青年路小学的核心办学价值观。

“尚”即尊崇、注重、追求。“美”即是美好，包括美的形象、美的环境、美的感受、美的语言、美的事物、美的心灵等等。著名社会学家、人类学家费孝通老先生曾经意味深长地提出处理不同文化关系的十六字“箴言”：“各美其美，美人之美，美美与共，天下大同”，这就是我们提出“尚美教育”的重要理论依据，他倡导平等、多元、尊重差异、鼓励个性发展，追求互相包容、互相学习、合作提高、共同进步。“尚美教育”包括悠美的环境、绽美的少年、慧美的老师、萃美的课程、智美的课堂、合美的家长、励美的管理。“尚美教育”就是尊重为师者的不同风格；尊崇儿童的天性、为生者的不同禀赋；“尚美教育”就是为每一个生命“崇尚美，发现美，实践美”提供可持续发展动力；就是为每一个生命在教育的温暖中绽放光彩；“尚美教育”是青年路小学三个校区和而不同、你美我美他美的体现，也是我校落实党的“十八大”报告中提出“建设美丽中国”愿景的教育实践。

尚美——我们在路上！

2014年10月30日

目录

CONTENTS

尚美教育

悠美环境 〉绽美少年 〉慧美教师 〉萃美课程 〉智美课堂 〉合美家长 〉励美管理

青 > 怡 > 趣 > 香

悠美环境

“蓬生麻中，不扶而直。白沙在涅，与之俱黑。”荀子这一句蕴含丰富的话，生动传神地道出了环境对人的影响。汉朝刘向的《列女传》中“孟母三迁”的故事更是流传至今，成为育人史上的一段佳话，它生动而深刻地诠释出环境育人的道理：环境是教育的隐性课程，它影响着人的身心发展方向、速度、水平。良好的育人环境不但给儿童的成长带来多方面、多层次的正面影响，而且是儿童良好心理素质发展的重要条件。

校园环境是办学的物质基础，是重要的教育资源，环境文化是尚美文化的外显。因此我们格外重视校园环境建设，努力构建“悠美的环境文化”，以美育美。

“悠美的环境文化”是什么？“悠”：“采菊东篱下，悠然见南山”“悠闲，有序，内心安适”。这应该是校园应有的气质。悠美环境是环保、科技，追求绿色生活的环境；悠美环境是安静、有序、悠然，让师生内心和悦的环境；悠美环境是活动场所丰富，让师生觉得趣味无穷的环境；悠美环境是在花香、果香的陪伴中，让师生品味阅读幸福的环境。

“青、怡、趣、香”的悠美环境，让沉浸其中的师生受到美的感染、美的熏陶，放慢脚步，投入校园生活，在潜移默化中达到润物无声的美的教育，充分发挥“以美引善”“以形悦目”“以情感人”的作用，让校园成为教育的田园、师生的趣园、成长的乐园。

都市田园
独立空间
特色校区
游戏转角
功能教室
展示舞台
怡
趣
环保科技
青
翠绿工程
香
花香
果香
书香

趣
功能教室
游戏转角
展示舞台
怡
都市田园
独立空间
特色校区
香
花香
果香
书香
青
环保科技
翠绿工程

悠美环境

青

科技 环保 绿色

青年路小学以“青”字开头，“青”，代表着绿色与生命。校徽也由学校简称“青小”而来，创意来源于全校师生，已经深入人心。首字母“Q”和汉字“小”组成了一朵灿烂可爱的花朵，象征校园的主体——可爱的孩子们。图案同时也像温暖的太阳照耀着生机勃勃的幼苗，寓意教育的温暖与关怀，让学生美丽绽放。学校文化色彩基调为绿色、青蓝色、红色。绿色为本部校区基色，表示环境教育特色的传承；青蓝色为银杏苑校区基色，表示“青出于蓝而胜于蓝”；红色为鲍岗校区基色，表示教育的温暖照耀远在乡村的每一个孩子。学校一直以追求环境教育为特色，实施“翠绿工程”让绿色充满校园，环保宣传让理念深入人心，科技创新为绿色生活助力。

翠绿工程

让绿色充满校园

我们实施“翠绿工程”，编修学校绿化规划，将校园绿化工程设计与校园文化建设有机结合；注重常绿、落叶乔木、灌木和攀缘植物的搭配；在每个班级建立植物角；建立绿化苗木养护制度，对花木按季节有序养护，对校园内每一棵树重新编号、标注；注重在实践中让学生加深对植物的认识与保护。

绿色植物
让教室四季如春

绿芜墙绕院，
蝴蝶上阶飞

绿荫不减来时路，
添得黄鹂四五声

池塘生春草，
园柳变鸣禽

环保科技为绿色生活助力

加快节能减排、倡导低碳的步伐，校园内“禁止吸烟”“节约用水”“别踩我，我怕疼”等温馨提示随处可见。深入推进信息化校园建设，校园网络全覆盖，班级博客、校园网站等工程继续深化。倡导办公无纸化，让绿色生活理念深入人心。

▼ 校园网站精彩纷呈

▲数字图书馆让阅读无处不在

营造独立空间，师生怡然自乐

知心屋
——老师倾听我的心声

给老师、孩子创设一些独立的空间，如软沙发围成的“磨课空间”，绿树环绕的“静思亭”、教室拐角的“阅读吧”、操场边的“观球椅”等，都会让老师和孩子们以更加舒展的心情与姿态体会到校园生活的悠然与自得。

磨课空间
——沙发让我放轻松

办公室
——老师惬意工作

趣

有趣
自主

“趣”,“走”起来去“取”，有“主动”之意，所以，校园不仅是学习、工作的地方，更应该是自主成长的乐园。

THE GAME AT THE CORNER

游戏转角，乐趣无穷

学校设计了很多游戏转角，如“乒乓球场”“传统游戏走廊”“涂鸦墙”等，老师孩子们在学校的各个角落都能邀上三五好友，游戏一把。

◀跳房子
——让课间更有趣

▲野趣溪
——可以钓泥鳅哦

趣园
——我和伙伴的乐园
▼

上学喽
健鹏

涂鸦墙
——挥洒童年梦想

功能教室，兴致盎然

兴趣课堂人人爱——种类多样的功能教室是学生和老师爱去的地方，音乐室、形体教室、心理咨询室、机器人室里笑声不断，乐趣无穷。

心理咨询室，同伴分享

▲ 音乐教室，童声飞扬

▼ 实验室，探索奥秘

/展示舞台，师生绽放/

SHOW STAGE

▲校园橱窗放光彩

▲木偶剧梦工厂，我的表演舞台

让师生在校园张扬个性，找到乐趣，实现自我！这就需要我们充分尊重、理解、相信每一个生命，给他们展示的舞台。所以在校园环境的布置上，我们力争让每一块墙壁、每一个楼梯口、每一条长廊都能成为老师和孩子们展示自我的小世界。这儿有摄影作品、绘画作品、手工作品……真是花儿朵朵，竞相绽放。

班级文化我做主

香

花香
果香
书香

走进校园，空气中一股芬芳的气味暗暗飘散，让烦躁的心情安定、怡然。这是四季花香、青青果香，更是校园中无处不在的卷卷书香。我们努力打造浸在图书馆中的学校，让阅读像呼吸一样自然，伴着花香、果香的阅读更是让师生觉得阅读是香的、美的。

花香果香，香满校园

◀ 沃土宜梅李
——唐佳琪同学 摄

春天的校园，迎春花、金银花飘香；夏天的校园，睡莲朵朵；秋天的校园，桂花、银杏清幽阵阵；冬天的校园，腊梅傲雪开放……有石榴、有蜜桃、有李子、有杏子，洋溢花香、果香的校园让我们向往。

过雨荷花满院香
——胡瑞滢同学 摄

▼ 有情蔷薇卧晓枝
——段骏辰同学 摄

书香书韵，浸润童年

充满花香和果香的校园让人心旷神怡，伴着香味阅读，更让书香溢满校园。图书馆、走廊边、教室里，随手就能拿到好看的图书；晨诵中、午读时、小课间，时时都能在书香中沉醉。“三味书屋”里，老师们伴着音乐与咖啡的香味交流阅读的心得；“青青趣阅坊”里，老师和学生共同体验读书交流会的快乐。一本本自制的图画书记录着童年的奇思妙想，一首首自编的童谣畅想未来的梦想，一句句读书格言来自同学们的心房，一个个好书推荐榜让我们的精神幼苗不断成长。

蓬头稚子乐读书，侧坐莓苔草映身。

▼图书馆全天开放，借阅真方便

▼沙发让读书更惬意

结缘在青小，而无烦繁凡。
问君何能尔？心悠地自安。
怡青趣自香，悠然在心间。
师生共追寻，皆把美实践。
此中有真情，悠美在校园。

——徐翠银 改编自陶渊明《饮酒·其五》

尚美教育

悠美环境 〉 **绽美少年** 〉 慧美教师 〉 萃美课程 〉 智美课堂 〉 合美家长 〉 励美管理

向善 > 阳光 > 个性 > 博采

绽美少年

古今中外的思想家和教育家都高度重视对学生的美育。前苏联著名教育家苏霍姆林斯基说：“没有审美教育就没有任何教育。”陶行知的美育思想和实践则要求把培养“真、善、美”的人作为教育的最高目标，把教育事业作为美的事业，把以美育人作为教育者神圣的职责。

青小人在“尚美”教育的理念下提出了培养“绽美少年”的教育思想，简单说就是用美涵养人的道德品格，用美培育全面发展的人。我们的教育就是要激扬生命的活力，体验生命乐趣，发现生命的意义，实现生命价值。

学校每学年开学的第一个月（九月）开展的文明礼貌月拉开了新学期的序幕，孩子们从知礼、懂礼、习礼、守礼、用礼开始了新的一学期的学习和生活。之后学校每年必定开展“四周五节”活动，即科技节、读书节、体育节、艺术节、收获节和创意周、爱心周、民俗周、英语周，让孩子们有了更多的展现舞台，肯定和尊重个性差异的同时，挖掘了孩子们的潜能。

孩子们在活动中明理向善，在运动中更显阳光健康，个性的充分彰显，在游学中博采众长，书卷中汲取芳香。于是，向善、阳光、个性、博采诠释出青小绽美少年的独有魅力。

阳光
个性
向善
博采
阳光俱乐部
阳光心语墙
阳光体育节
艺术节
科技节
民俗周
创意周
英语周
主题日
爱心周
文明礼仪月
主题夏令营
主题游学
读书节

艺术节
民俗周
创意周
科技节
阳光心语墙
阳光俱乐部
阳光体育节
英语周
个性
阳光
主题夏令营
主题日
主题游学
博采
向善
爱心周
读书节
文明礼仪日

纯真少年

向善

“勿以善小而不为，勿以恶小而为之”，这流传千古的名句，字里行间分明就写着一个“善”字。正如蔡元培所说：“美育者，应用美学之理论于教育，以陶养感情为目的者也……所以美育者，与智育相辅而行，以图德育之完成者也。”

青小，注重美感教育完成其道德教育，其任务就在于培养人感受美、创造美的能力，使人热爱美、追求美，并且不懈地创造美。

学校每学期开学初开展“文明礼仪月”活动，三月份开展“爱心周”活动，同时还根据不同的节日开展“主题日”活动。青小的师生正用“美”的行动阐述着“善”的层层含义。

ETIQUETTE WEEK

文明礼仪月

学校在开学的第一周开展“文明礼仪月”活动。新生入学培训、开学典礼、以“文明礼仪”为主题的班会以及“告别陋习、崇尚礼仪”主题教育等活动，带动全校师生说文明话、行文明事、做文明人，把学校文明礼貌教育活动推向高潮。

开学典礼上学生、老师、家长将文明之花传送心田

/文明礼仪月/

ETIQUETTE WEEK

▲ 新生入队，
从学会佩戴红领巾开始

◀ 成为文明少年，
从新学期许下美好梦想开始

▲ 爱心在校园里流淌，小义工们懂得了“责任”与“担当”的含义

/爱·心周/

LOVE WEEK

三月份围绕学雷锋活动开展的“爱心周”活动，让学生们将爱心播撒，学会关爱生命，关注环保。爱心流淌在校园，融入到社区 。

爱心牵起你我的手，▶ 让我们一起关爱生命，关注环保

主题日

GREEN THANKSGIVING

我们利用教师节、母亲节、重阳节等节日，开展各种主题日活动，让孩子们对这些节日有了更深刻的理解和体会。

“阳光感恩教师节”，把最美的情感送给我们的老师。

重阳节，用笑脸和拥抱送上最美的祝福

母亲节献给妈妈独特的爱

阳光

运动锻造人的健康之美、向上之美。青小坚持以美健体，让孩子们不缺乏“阳光”的气息——他们热爱生活，体魄强健，身心合一，充满活力。为了锻炼学生身体，提高团队意识，学校开展了丰富多彩的阳光体育活动，鼓励学生走向操场，走进大自然，走到阳光下，积极参加各类体育活动。为了培养终身体育锻炼的意识，学校规定青小的学生在毕业前必须掌握至少两项日常锻炼的体育技能，从低年级起就对学生进行篮球基本技能的训练，使学生养成自觉进行体育锻炼的习惯，强健体魄。“阳光体育节”已然成为校园体育文化的一部分。

阳光体育节

SUNSHINE SPORTS FESTIVAL

学校的“阳光体育节”掀起了学生、老师和家长的体育锻炼的热潮。一声声加油的浪潮，一次次夺冠的欢呼，一张张灿烂的笑脸，写满了孩子们最真的期待，营造了一个生机勃勃、充满激情、健康向上的校园环境。

▲ 孩子们盼望的体育节终于开幕了

▼ 体育节上，小运动员们雄姿英发

阳光俱乐部

BASKETBALL CLUB

轮滑社团，开心一刻

轮滑、乒乓球、体育游戏、苗苗篮球等学校阳光体育俱乐部的开展，让学生走向操场，走进大自然，走到阳光下。除此之外，学校还应该借助各种形式,普及学生体育文化知识，让更多的学生了解体育真正的内涵和魅力所在，树立参加体育锻炼的持久决心，从而丰富学校的体育文化。

篮球场上，孩子们英姿飒爽

/阳光心语墙/

THE SUNSHINE STATE OF MIND

各类体育活动，让“阳光少年”不仅具有过硬的身体素质，而且有较强的抗挫能力，能坦然面对生活中的成功与失败，胜不骄败不馁。这些活动还让他们学会了相互合作、共同拼搏和积极向上的“阳光心态”。

记得我刚开始学自行车的时候，很是失败，不是龙头歪了，就是自行车倒了，在经过几次尝试后，我坐在地上十分气馁。可短暂的休息过后，我又站了起来，面对自行车，我跨上去，紧握龙头，继续学习。

我感觉到，不管是什么事情，只有你有毅力与信心，就算再难的事情，也能成功。

——青年路小学银杏苑校区 朱凯文

我打过不少的比赛，不论从规模还是从激烈程度，这都是很普通的一次比赛。我能感觉到，团队之间的默契、信任、配合是多么的重要。我感受到了，比赛不单单是我一个人的事，而是在场每一个人的；我们一路过关斩将，大家沉浸于喜悦中。但同时我也知道了，赢球不要骄傲，输球更不要气馁，会有下一场球在等着我们。

——青年路小学五(5)班 朱子晗

《人生七年》是一部简短的电影，却意义深刻。主人公尼克是一位普通的小男孩，他靠着顽强的毅力不断努力，最终走向成功。而在他的人生道路中，有太多太多的崎岖和坎坷，可尼克勇敢面对，毫不畏惧，毫不退缩。

——青年路学银杏苑校区 刘纯青

我读完了《鲁滨逊漂流记》。一翻开书，我便被吸引了。主人公鲁滨逊的坚强意志与不畏艰难让我有很深的感悟。正如笛福所说：“害怕危险的心理比危险本身还要可怕一万倍。”的确如此，当你惧怕危险时，这会让你失去信心与勇气，就更不会有可能战胜危险、困难。

——青年路小学银杏苑校区 刘墨涵

当母亲听到我说想把绘画作为以后的专业的时候，她是充满不屑的。

我觉得浑身冷冰冰的，异常难受。

我明明是那样热爱着绘画。我深爱着色彩，喜欢那朦胧美丽的色调；我深爱着线条，任由流畅的线条在纸上驰骋。

我深爱着这样的绘画，并将它作为一生所愿。

我不能在这里放弃，前方的路途还很长很遥远，我还想继续提起笔走下去。

——青年小学银杏苑校区 汪子璇

▼赛后感悟

个性

世界上没有完全相同的两片树叶。即使两个人是双胞胎兄弟他们也性格各异。正因为万物的五彩纷呈，世界才变得耀眼迷人。因此，教育要求我们尊重每个学生的独特个性，并培养学生的特殊才能以适应社会不同领域的需要。

“尚美”教育尊重个性，张扬个性，挖掘潜力。

学校每学年的“科技节”“艺术节”“民俗周”“创意周”和“英语周”等活动为孩子们搭建了梦想的舞台。也必定会成为孩子们欢迎程度最高、最难忘怀的活动。

正如陶行知先生所说的那样，“人像树木一样，要使他们尽量长出去，不能勉强都长得一样高。应当是：立脚点上求平等，于出头处谋自由。”

/科技节/

SCIENCE FESTIVAL

科技节是一个属于所有学生的展示舞台，你可以在这里尽情展示你的科技才能。科技节虽然短暂，但是我们实现了“人人参与、人人发展、人人收获，给每一个孩子展示自我的机会”的活动宗旨，让同学们从小就在幼小心灵中播下科学的火种，体会到科学的魅力。

▲ 机器人社团积极训练，荣获国家、省级殊荣

◀ “纸桥承重”，带来科技无限快乐

THE ART FESTIVAL

/艺术节/

每年的六月份，学校将隆重举办每年一度的校园文化艺术节。在这期间，融思想性、艺术性、娱乐性、知识性于一体的校园艺术节像是披上了节日的盛装，使校园到处洋溢着欢歌笑语。艺术节是学生各美其美的最好舞台，也是校园文化的集中展示。

▲ 2013年艺术节
——丹青妙手绘明天

▼ 2014年艺术节
——花儿朵朵，美丽绽放

民俗周

FOLK WEEK

民俗周的设立弘扬了优秀传统文化，展现了传统文化经典的魅力，激发了学生内心深处对传统文化的喜爱之情。

▲中秋节的火把，被赋予了历史的色彩和厚重

▼冬至节的民俗故事让我们学会了用《九九消寒图》来数九

▲端午节让我们感受到了粽子的清香

CREATIVE WEEK

创意周

孩子们动手动脑，用智慧创造着精彩，以自己的双手展示着创意的快乐与无限魅力。

▲《失落的一角》

——2008级 · 陈欣竹

▲《哭泣的海》

——2008 级 · 汪子璇、刘纯青

◀《没有零的生活》

——2008级 · 刘默涵、丁奕婷

晒晒我们亲手绘制的美丽绘本吧！

▼ 手套创意制作

▼ 趣园水果蔬菜在我们的手中变、变、变……

ENGLISH WEEK

英语周

英语周通过丰富多彩的活动，加强语言的应用，让学生了解世界各国风俗，感受多元文化，展现学生语言自信，体现语言之魅力。

▲ 利用各种节日感受不同地域的文化特色，让英语学习内容更加丰富

我能参加课本剧的演出，让我感受到中西文化的差异，开阔了自己的视野，理解了“地球公民”的概念。

博采

鲁迅先生曾在他的书简里面告诉一个青年人："必须如蜜蜂一样，采过许多花，这才能酿出蜜来，倘若叮在一处，所得就非常有限……"郭沫若同志也曾经以蜜蜂采花作为比喻，来说明艺术真实和生活真实的关系，以及它们之间的异同。

可见"博采"对于青少年来说,具有重要和特殊的意义。

"尚美"教育在潜移默化中促进孩子们精神层面的发展。为培养"博采"少年,学校开展了"游学体验＋巧手绘成长"的游学活动，如：一年一度春季主题游学活动陶冶了孩子们的情操；精彩纷呈的分社团、分批次的主题夏令营开阔了孩子们的视野；各类型的郊外游园也启迪了孩子们的心灵。同时，孩子们还需要将游学活动时所了解到 的国情民生、风土民情、游学感受等，绘制成旅游绘本或是撰写成游记，培育动手能力和创新能力，陶冶情操，修养品格，达到"读万卷书，行万里路"的境界。

学校还通过丰富多彩的萃美课程培养学生发现美、体验美、实践美、创造美的能力，使学生们成为一个个的"绽美少年"。

/主题夏令营/

SUMMER CAMP

▲ 中、日、韩文化交流夏令营

——三国小朋友举行结团仪式

精彩纷呈的夏令营活动陶冶了孩子们的情操，开阔了孩子们的视野，各类型的郊外游园也启迪了孩子们的心灵 。

我很高兴能够参加中、日、韩三国儿童童话交流活动，与日本、韩国小朋友同吃、同住。虽然大家语言不通，但在翻译哥哥、翻译姐姐的帮助下，大家都很开心！

——孟亚东

▼ 拓展训练把夏令营活动推向高潮

主题游学

主题游学不仅让同学们收获了快乐，收获了知识，丰富了人生，他们亲手绘制的旅游绘本更是展现了他们开阔的视野、创新的思路。

看，这就是我们制作的旅游绘本。

▲《梦回九寨》

—— 2008级 · 李欣语

▲《颐和园》

—— 2010级 · 陈柳彤

▲《桐城游》

—— 2007级 · 陈雅琪

▲ 主题游学，让我们和大自然撞了个满怀

读书节

让“悦读”唤醒春天 ▶

读书足以移情，足以博采，足以长才。学校一年一度的读书节活动在每年的春天如期举行，孩子们在书中认识了广阔的世界，汲取了不朽的精神，除鄙见，得新知，养性灵。

▲“回归自然　传诵经典”读书节活动如期举行

◀开放性的书吧，与书交友

活动，
让我们明理向善，彰显个性；

运动，
让我们健康快乐，阳光开朗；

行动，
读万卷书，行万里路。

让每个生命美丽绽放！

尚美教育

悠美环境 > 绽美少年 > **慧美教师** > 萃美课程 > 智美课堂 > 合美家长 > 励美管理

慧美教师

智慧 >知性 > 爱心> 幸福

教师是学生人生路上的指导者和引路人，是科学知识的传播者，是教育改革创新的实践者，在一个学生的成长历程中起着极为重要的作用。一个学校的发展，离不开教师的发展。在“尚美”教育理念的指引下，在探索、实践、反思的过程中，我们逐步明确了打造“慧美教师”团队的奋斗目标。

“慧美教师”首先要有理想信念，要有道德情操，还要有扎实的学识和仁爱之心。“慧”字上面的两个“丰”字，分别代表国事和天下事，中间的“彐”代表家事。“慧”从字面上看，意思是家事、国事、天下事都要放在心上。放在心上，就是用心去想，去思考，思考各事的规律，思考各事之间的联系与作用，当这些道理都弄懂了，慧就产生了。“慧”用心字底，说明慧是一种精神、一种状态，当一个人的修为达到这种状态，持有这种精神的时候，他就具备了慧。作为教师，这个“美”就不仅仅是停留在外观上的视觉效果，更重要是一种内涵。“慧美”，就是用心做事又注重提升内涵。

学校从常规教研、课题研究、青蓝学苑入手，增进教师智慧；以“读、述、艺”为途径，提升教师知性气质；在敬业、爱生、奉献中升华教师爱心；在学生成长的过程中，在和谐的教师团队中让教师感受幸福。

慧美教师

智慧

慧，智慧。“慧美教师”首先是智慧的。古希腊时期，人们把教师称为“智者”，言外之意，只有那些有智慧的人才能为人师。

丰富多彩的常规教研活动，扎实有效的科研课题工作，师徒共成长、智慧火花碰撞的青蓝学苑工程，都是教师成长的有效形式和途径，使教师具有了教学的智慧和艺术。

教师在学习、实践中磨炼自我，提升自我，逐步将个体的完善凝炼成团队的智慧。

常规教研

交流、研讨等常规教研提高了教师的教学、教研水平。只有集体智慧的绽放，才有课堂精彩的收获。

集中教研——发挥学科教研的力量，围绕“四定”（定时、定点、定人员、定内容）开展常规教研活动

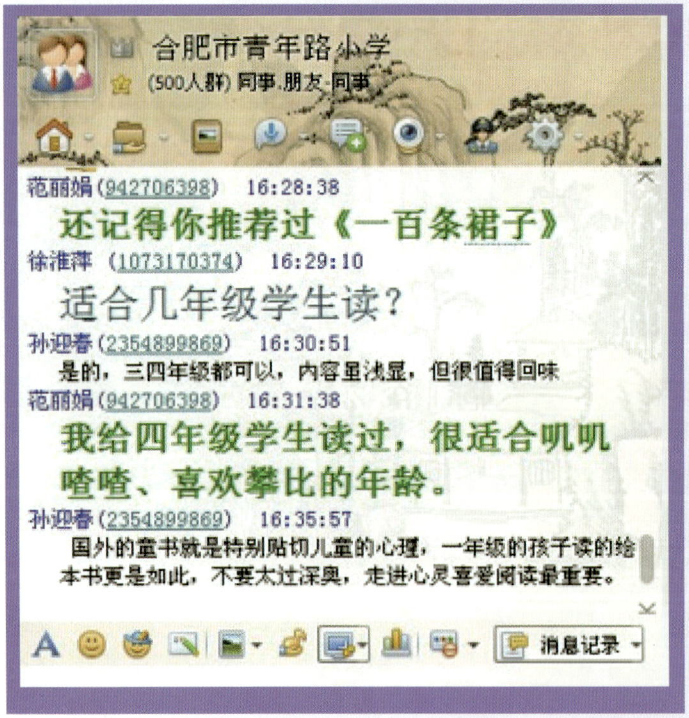

▲ 网络教研打破了时间、空间上的限制

▼ 集体备课

艺

学校提倡教师要有扎实的专业知识，并给教师提供平台，鼓励教师多方面提升自己，让教师更知性。

▲ 小提琴独奏——周怡菲老师

▼ 谢丽丽老师美术作品

▲ 孙骏老师美术作品

▼ 张园园老师参加包河区舞蹈演出

述

知性的教师，一定是有见解、有思想的教师。思从何处来？思自口中出,思从笔下现。富有感染力的口述能力和擅长写作的文字表达能力，是我们每位教师矢志不渝的追求。

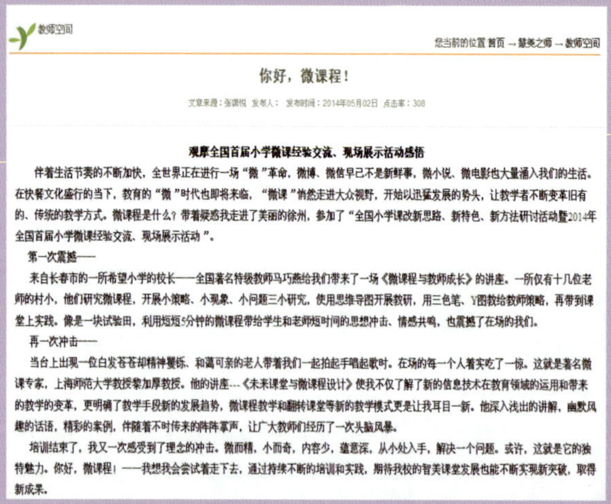

教师空间

您当前的位置 首页 → 慧美之师 → 教师空间

你好，微课程！

文章来源：张谋悦 发布人： 发布时间：2014年05月02日 点击率：308

观摩全国首届小学微课经验交流、现场展示活动感悟

伴着生活节奏的不断加快，全世界正在进行一场“微”革命，微博、微信早已不是新鲜事，微小说、微电影也大量涌入我们的生活。在快餐文化盛行的当下，教育的“微”时代也即将来临，“微课”悄然走进大众视野，开始以迅猛发展的势头，让教学者不断变革旧有的、传统的教学方式。微课程是什么？带着疑惑我走进了美丽的徐州，参加了“全国小学课改新思路、新特色、新方法研讨活动暨2014年全国首届小学微课经验交流、现场展示活动”。

第一次震撼——

来自长春市的一所希望小学的校长——全国著名特级教师马巧燕给我们带来了一场《微课程与教师成长》的讲座。一所仅有十几位老师的村小，他们研究微课程，开展小策略、小现象、小问题三小研究，使用思维导图开展教研，用三色笔、Y图教给教师策略，再带到课堂上实践。像是一块试验田，利用短短5分钟的微课程带给学生和老师短时间的思想冲击、情感共鸣，也震撼了在场的我们。

再一次冲击——

当台上出现一位白发苍苍却精神矍铄、和蔼可亲的老人带着我们一起拍起手唱起歌时。在场的每一个人着实吃了一惊。这就是著名微课专家，上海师范大学教授黎加厚教授。他的讲座---《未来课堂与微课程设计》使我不仅了解了新的信息技术在教育领域的运用和带来的教学的变革，更明确了教学手段新的发展趋势，微课程教学和翻转课堂等新的教学模式更是让我耳目一新。他深入浅出的讲解，幽默风趣的话语，精彩的案例，伴随着不时传来的阵阵掌声，让广大教师们经历了一次头脑风暴。

培训结束了，我又一次感受到了理念的冲击。微而精，小而奇，内容少，蕴意深，从小处入手，解决一个问题。或许，这就是它的独特魅力。你好，微课程！——我想我会尝试着走下去，通过持续不断的培训和实践，期待我校的智美课堂发展也能不断实现新突破，取得新成果。

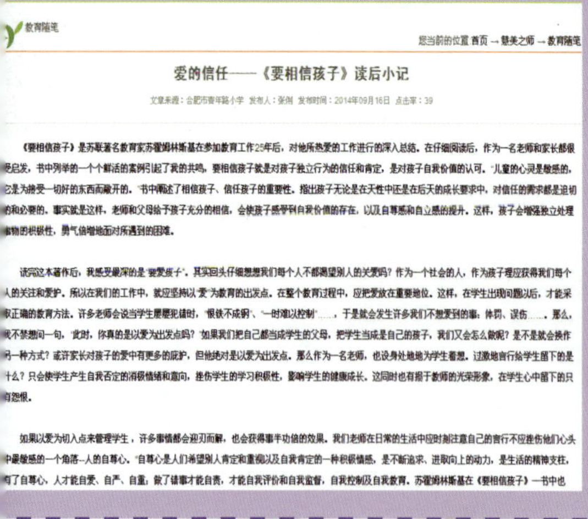

教育随笔

您当前的位置 首页 → 慧美之师 → 教育随笔

爱的信任——《要相信孩子》读后小记

文章来源：合肥市青年路小学 发布人：张俐 发布时间：2014年09月16日 点击率：39

《要相信孩子》是苏联著名教育家苏霍姆林斯基在参加教育工作25年后，对他所热爱的工作进行的深入总结。在仔细阅读后，作为一名老师和家长都很受启发，书中列举的一个个鲜活的案例引起了我的共鸣，要相信孩子就是对孩子独立行为的信任和肯定，是对孩子自我价值的认可。“儿童的心灵是敏感的，它是为接受一切好的东西而敞开的。”书中阐述了相信孩子、信任孩子的重要性。指出孩子无论是在天性中还是在后天的成长要求中，对信任的需求都是迫切的和必要的。事实就是这样，老师和父母给予孩子充分的相信，会使孩子感受到自我价值的存在，以及自尊感和自立感的提升。这样，孩子会增强独立处理事物的积极性，勇气倍增地面对所遇到的困难。

读完这本著作后，我感受最深的是“要爱孩子”。其实回头仔细想想我们每个人不都渴望别人的关爱吗？作为一个社会的人，作为孩子理应获得我们每个人的关注和爱护。所以在我们的工作中，就应坚持以“爱”为教育的出发点。在整个教育过程中，应把爱放在重要地位。这样，在学生出现问题以后，才能采取正确的教育方法。许多老师会说当学生屡屡犯错时，“恨铁不成钢”、“一时难以控制”……，于是就会发生许多我们不想要到的事：体罚、误伤……。那么，我不禁想问一句，“此时，你真的是以爱为出发点吗？”如果我们把自己都当成学生的父母，把学生当成是自己的孩子，我们又会怎么做呢？是不是就会换作另一种方式？或许家长对孩子的爱中有更多的庇护，但他绝对是以爱为出发点。那么作为一名老师，也设身处地地为学生着想。过激地言行给学生留下的是什么？只会使学生产生自我否定的消极情绪和意向，挫伤学生的学习积极性，影响学生的健康成长。这同时也有损于教师的光荣形象，在学生心中留下的只有怨恨。

如果以爱为切入点来管理学生，许多事情都会迎刃而解，也会获得事半功倍的效果。我们老师在日常的生活中应时刻注意自己的言行不应挫伤他们心头中最敏感的一个角落--人的自尊心。“自尊心是人们希望别人肯定和重视以及自我肯定的一种积极情感，是不断追求、进取向上的动力，是生活的精神支柱，有了自尊心，人才能自爱、自严、自重，做了错事才能自责，才能自我评价和自我监督，自我控制及自我教育。苏霍姆林斯基在《要相信孩子》一书中也

诗歌《我的梦 中国梦》
作者:李晓雨

银杏树下,展开童年的画卷,
莲花池畔,是梦开始的地方。
青之蓝,趣相伴,
成长的喜悦幸福即将开始绽放。
我们的脚下,
是五千年文明的土壤,
向往的天际,是一个叫未来的地方。
下一个百年, 我的梦 中国梦,花开何方?
今天,梦想开始起航,
一切一切,都充满着正能量,
来吧,同学们,
请展开心中梦想的翅膀。
这一刻让我们静静聆听花开的声 音,
下一刻一起收获,
中国少年永无止境的梦想!
少年智则中国智,
少年强则中国强!
我的梦是中国梦,
中国梦是我们的梦!

吴莉莉老师在阅读论坛上发言

读

古人说：“腹有诗书气自华”。知性是一种内在的沉淀，一种文化涵养，阅读是培养教师知性美的重要途径。

▼ 读书交流，微信分享

▼ 温馨舒适的教师阅读坊“三味书屋”里，老师们正在读书学习，充实自己

◀ 我校图书馆教师参与读书实践分享会

知性

知性是内在的文化涵养自然发出的气质，也就是我们常说的有气质、有韵味。这种气质是通过后天的努力和文化的积累得到的，没有良好的文化素养熏陶，就很难拥有知性美。

学校通过“读、述、艺”来提升教师的知性气质，在书香校园的建设中，在教师才艺展示舞台上，教师们不断地学习，不断地调整自己、修炼自己、完善自己，变得越来越知性。

青蓝学苑

青：年轻教师或是在教学上还需要提升的教师。蓝：已形成教学风格的教师。青蓝学苑就是一个让师徒同成长、共收获的乐园。学校现已有名校长工作室1个,名师工作坊5个,名班主任工作坊4个。

2013年青小被命名为包河区新入职教师规范化培训基地，我们的学员从本校扩展到了兄弟学校。

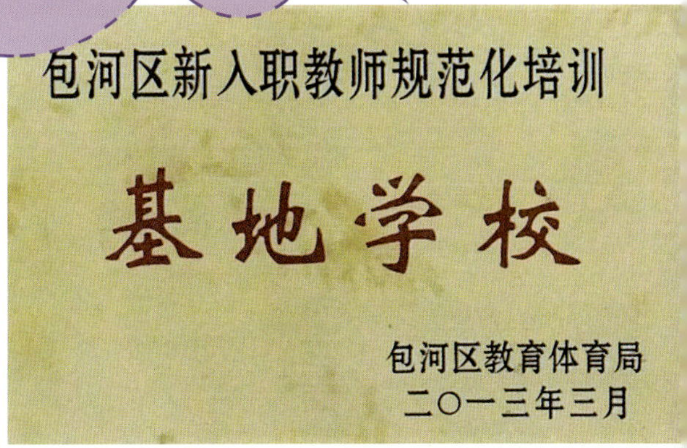

▼ 青蓝师徒共研究

▲ 青蓝师徒共“游”书城，品书、读书、购

课题研究

利用课题研究促进教师专业化发展，使教师的智慧在实践—理论—实践中，螺旋上升。

“基于减负的学生课外作业设计研究”经过近三年的研究,激发了学生学习的兴趣和完成作业的效率。

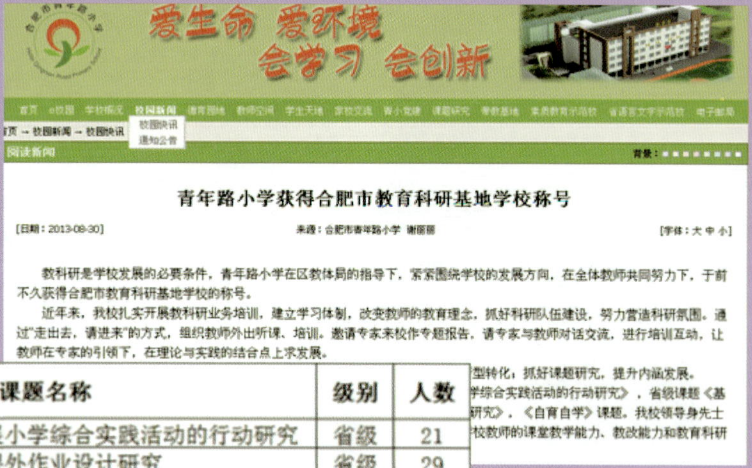

青年路小学获得合肥市教育科研基地学校称号

[日期：2013-08-30] 来源：合肥市青年路小学 谢丽丽 [字体：大 中 小]

教科研是学校发展的必要条件，青年路小学在区教体局的指导下，紧紧围绕学校的发展方向，在全体教师共同努力下，于前不久获得合肥市教育科研基地学校的称号。

近年来，我校扎实开展教科研业务培训，建立学习体制，改变教师的教育理念，抓好科研队伍建设，努力营造科研氛围。通过“走出去，请进来”的方式，组织教师外出听课、培训。邀请专家来校作专题报告，请专家与教师对话交流，进行培训互动，让教师在专家的引领下，在理论与实践的结合点上求发展。

……型转化；抓好课题研究，提升内涵发展。
……学综合实践活动的行动研究》，省级课题《基
……研究》，《自育自学》课题。我校领导身先士
……校教师的课堂教学能力、教改能力和教育科研

◀ 2013年青年路小学获合肥市教育科研基地校称号

课题名称	级别	人数
利用劳动实践基地开展小学综合实践活动的行动研究	省级	21
基于“减负”的学生课外作业设计研究	省级	29
创建数字化校园，促进教师专业发展的实践研究	省级	56
小学生语文口语评价策略的研究	省级	44
课内探究延伸度的把握对策研究	省级	4
自育自学	区级	31
合　计		185

◀ 近两年学校参与研究的课题统计

爱心

著名教育家苏霍姆林斯基说:“没有爱就没有教育。”爱是教育力量的源泉，是教育成功的基础。

作为一名教师，首先要有爱心，才能教育学生“崇尚美、发现美、实践美”。有爱心的教师，我们希望他是敬业的、爱生的、奉献的，通过爱心把美好的教育传递给学生。作为青小教师，爱是我们的工作态度和方法，我们用爱心浇灌学生的心灵，铸造和谐的师生关系。

敬业

爱岗敬业，是教师职业道德中最重要的部分。学校每年都会开展相关活动提高教师的师德修养。

“爱与责任”师德演讲比赛

教师郑重地签下师德承诺

爱生

学生的健康成长离不开老师们辛勤的付出。教师的关爱，让每位学生都沐浴在阳光下。一个赞许的眼神，一句温馨的问候，一次轻轻的抚摸，都是老师的爱。

“把衣服穿好，别着凉！”

老师在给学生单独辅导

奉献

我们把奉献当作一种快乐，并用实际行动告诉学生什么是奉献。

下雪天，老师们提前到校扫雪，为学生提供安全的环境。

▲ 抗震救灾，教师捐款

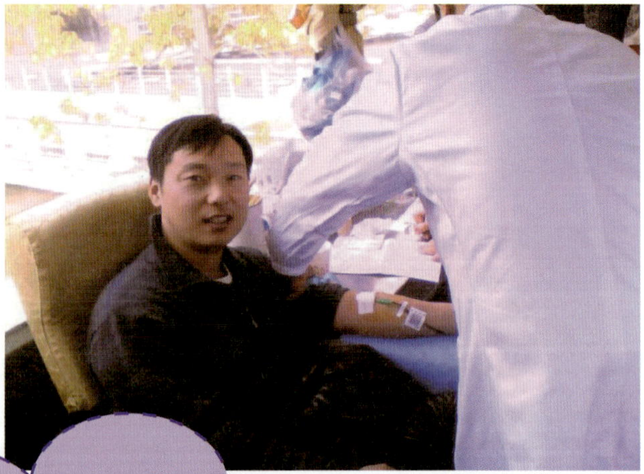

义务献血，奉献社会

幸福

马克思认为，“我们在选择职业时所应遵循的主要方针是人类的幸福和自我的完善”。教师的职业选择以及职业道德的修养都是与人类的幸福和自我完善，亦即个人的幸福密切相关的。

教师的生活不应是枯燥的，而应该是充满激情的，在感受教师职业幸福的同时，教师的人生也是美丽绽放的。她的幸福是一种期待，期待教育的对象好好学习，每天进步一点点。幸福教师不是个体的幸福感，老师们志同道合，结伴同行，乐在其中。

正因为如此，青小的老师们一路走来，一路收获，一路欢笑……

教师的幸福 源于学生成长

和学生在一起就是幸福。看到课堂上孩子们获得知识时那满足的眼神和喜悦，是教师最大的快乐；看到学生点滴的进步，品味着与学生共同成长的岁月，才是教师真正的幸福，更是教师们前进的动力。

课堂上，老师参与学生小组讨论。

老师，我毕业了，这束花送您，您辛苦了！

教师的幸福源于团队和谐

一滴水只有放到大海才不会干枯，一名教师只有在团队中才能体现自身的价值，感受幸福。在工作中，教师们相互帮助，相互理解，相互包容，相互促进，共同成长，享受集体带给大家的幸福、快乐。

拓展训练中，老师们齐心协力完成任务。

教师运动会上，大家团结协作参与比赛。

学生心中的慧美教师

▲ 2013级四班 许我扬 画

▼ 2013级四班 周晓薇 画

青小教师努力践行着“崇尚美、发现美、实践美”的校训，用“智慧”“爱心”培养“真善美的少年”，在青小这片沃土上,展示着自己独特的美，这个过程让我们更“知性”，也让我们拥有了“幸福”的教育人生!

尚美教育

悠美环境 › 绽美少年 › 慧美教师 › **萃美课程** › 智美课堂 › 合美家长 › 励美管理

多元

正所谓时时处处有课程，一事一物皆教育，课程是学生在学校的全部学习生活的总和。学校以学科的多元融合和可选择性的、个性化的课程设置创生学生的多元智能。“萃美”课程体系是在“十商”课程理念指引下的大课程、专课程、微课程，对应实施国家、地方、校本三级课程管理，形成学校富有特色的校本化的国家、地方课程，自主创设课程，成长体验课程。课程开发基于各年段学生身心发展特征，设置目的来源于对教育最本质的思考。我们相信，只有为每个学生提供适合的课程，才能“为每个学生提供适合的教育”。

藝美課程

探究
课内探究
课外探究
开放
社会资源
学生资源
校本资源
成长
学校成长
教师成长
学生成长
多元
自主创设课程
成长体验课程
"萃美课程"体系

社会资源
学生资源
校本资源
课内探究
课外探究
开放
探究
自主创设课程
成长体验课程
"萃美课程"体系
多元
成长
学校成长
教师成长
学生成长

什么样的课程，决定学校拥有什么样的品质；什么样的课堂，决定学生拥有什么样的发展。课程是学校实施素质教育的主要载体。一所办学富有特色的学校更应通过课程实施来彰显魅力和底蕴。青小着力打造“尚美”教育文化，努力构建“萃美”课程体系，这是学校基于对培养“真善美的少年”的育人目标的服务支撑，也是学校践行校训“崇尚美、发现美、实践美”的直接路径。

根据《现代汉语词典》的解释，“萃”的本义是草木丛生、茂盛的样子，引申为聚集、萃集、萃聚。“萃美”课程，即美好课程的融合荟萃。学校从整体、系统的角度，借助“十商”课程理念下的大课程、专课程、微课程设置，合理规划课程内容，将国家课程、地方课程、校本课程纳入其中。我们还通过多种途径开发课程资源，将教（jiào）材作为“教（jiāo）材”（用教材而非教教材）；以丰富的课程科目开发，形成符合个性发展的选修课程体系；以课程的形态实施德育，形成学生工作整体架构。由此，我们提炼出“开放、探究、多元、成长”这几个核心词汇，来阐述对“萃美”课程的理解和构思。

多元 › 开放 › 探究 › 成长

萃美课程

2009级七班 鲍俊伟（制作）

核心理念：尚美
育人目标：培养真善美的少年
情商
胆商
健商
心商
逆商
智商
财商
灵商
德商
志商
校本化的国家、地方课程
大课程
专课程
成长体验课程
自主创设课程
微课程

成长体验课程

『萃美』课程体系

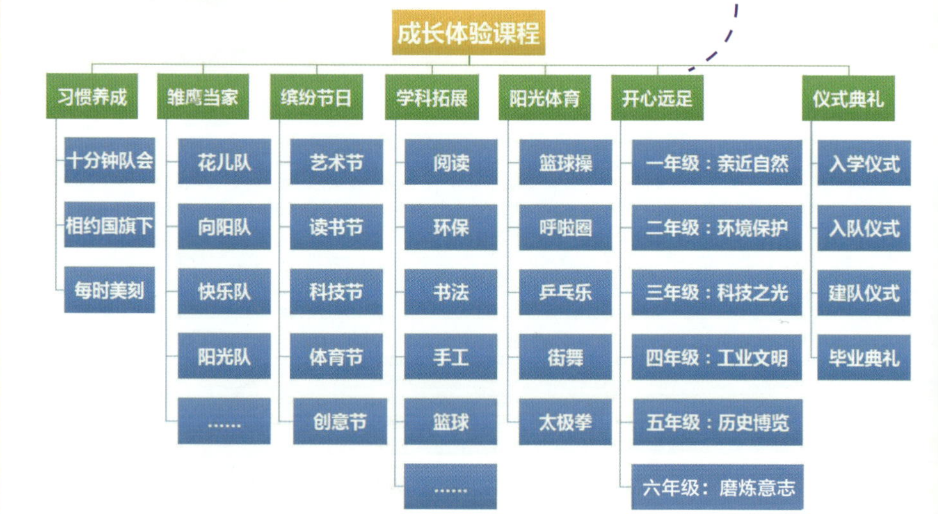

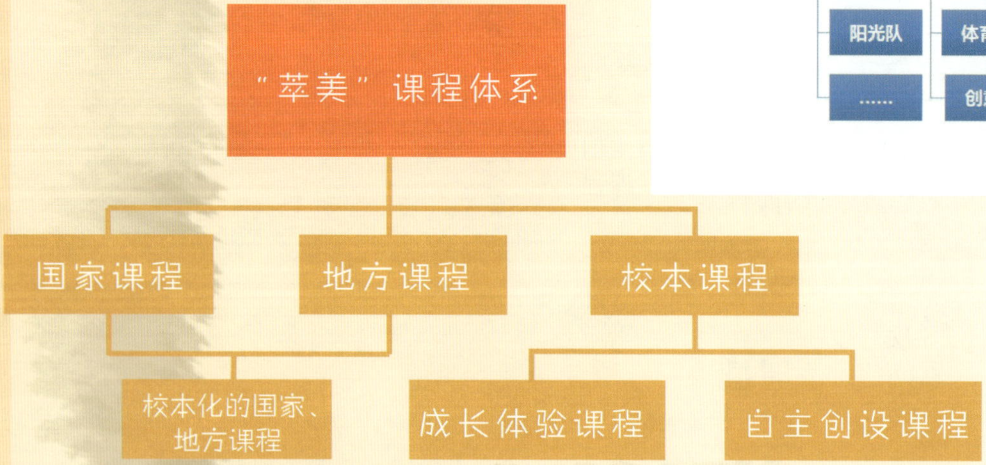

自主创设课程

自主创设课程

- 学科成长营
  - 故事魔法屋
  - 我爱阅读
  - 数学宝葫芦
  - 周末英语秀
- 艺术炫舞台
  - 小小电视台
  - 妙笔生花
  - 童声歌唱团
  - “棋”乐无穷
  - 我舞我秀
- 体育竞技场
  - 功夫小子
  - “苗苗”篮球部落
  - 活力健身操
  - 绳彩飞扬
  - 传统游戏
- 科技魔幻城
  - 绿色伴我行
  - 机器人拼装
  - 科技创新
  - 心灵手巧
- 心灵绿氧吧
  - 心灵相约
  - 美育美文
  - 心理减压
- 巧手工作坊
  - 拼拼乐
  - 十字绣
  - 手工编织
  - 针头线脑
  - 美味厨房

开放

课程的开放，需要教师的开放意识，以开放的眼界和胸怀，努力开发和拓展学生需要的、适合学生的课程。具体途径为开发丰富的课程资源，与广袤的生活世界接轨，以丰富多样的课程内容促进学生多方面的兴趣和差异性的成长；学校的阅读、环保、综合实践等校本资源的倾力注入。在社会生活中充分挖掘教育资源，以及充分发挥学生在教育中的主体作用，无不体现对开放的构想。

校本资源

校本课程开发是国家课程发展的重要补充，有利于教师专业水平提高、学生素质发展和学校特色化。充分开发和建设校本资源，让洋溢时代气息、散发生活芬芳的资源成为常规教科书的有益延伸。

劳动、读书、圆梦——作为校本课程资源的“趣园课程”，致力于培养儿童的智慧在指尖。

校编教材、校本作业深度开发学校“环境教育”特色，凝练教师智慧，定格为丰富的课程资源

学生资源

现代教育理论认为：学生是学习和发展的主体，是重要的教育资源。巧妙地利用学生的知识、经验、智慧等资源进行教学，让我们的课程充满生命的活力。

课程中，学生变身“小老师”，同学之间互相学习，共同成长。

▲ 课程中，教学相长是师生关系的自觉追求，老师成为了聆听者

社会资源

依托优质社会资源，让孩子们走出封闭的校园，走入多彩的社会，让专家学者走进学生视野，走进学校课程。

警察、消防员、医生、“非遗”传人、艺术家等成为学校课程资源的一部分。

走进影视基地，参加各类公益、社区、志愿服务活动，发挥社会资源的教育功能。使得学生兴趣在参与中培养，能力在实践中习得。

探究

苏霍姆林斯基说：“真正的学校是一个积极思考的王国。”新课程倡导“重过程、重体验、重探究”，主张采用自主、合作、探究的学习方式。这首先要求课程具有可探究性，通过课内探究教学，让课堂活起来，让学生动起来，让教学重心下移，关注并培养学生学习的情绪、动机、思维、合作等。同时，新课程重视课外探究活动。学校依托科研课题，引导学生在作业天地中“改头换面”，在游学活动中“学做合一”，在科技创新中激活智慧。

课内探究

探究式课堂

自主探究式教学是培养学生创新精神和实践能力的重要途径，使课堂教学焕发出生机勃勃的活力、效力。

带着欣喜，我终于知道怎样测量一块菜地的面积咯！能够用所学的知识来解决生活中的实际问题，真是太高兴了！同学们，如果你在生活中有什么疑问的话，你就亲自实验，总能找到答案。

——盛贵春(学生)

“蟋蟀课程”里，运用“心智图”“工作表”“调查表”等形式探索学习。孩子们通过观察研究，不仅分辨出蟋蟀的雌雄，还发现了其口器、觅食、打斗等特征，一个个都成了“小蟋蟀专家”。

——车倩(教师)

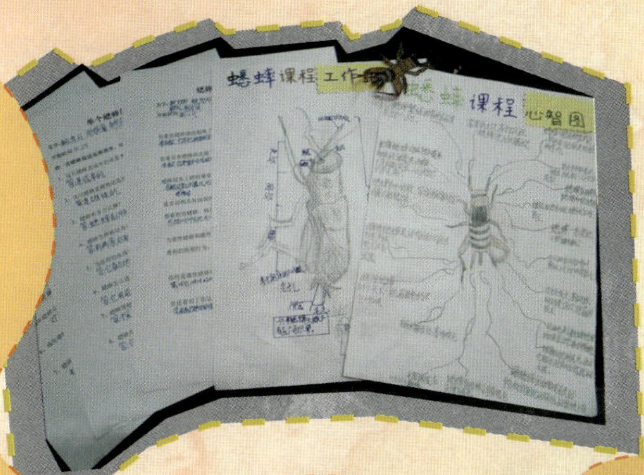

课内探究

探究式作业

以课题研究为驱动，为落实减轻作业负担“保驾护航”，学校在作业设计思路上积累了具有针对性和实效性的案例。看！学生在“我写我秀”中秀出精彩，秀出作业的幸福感。

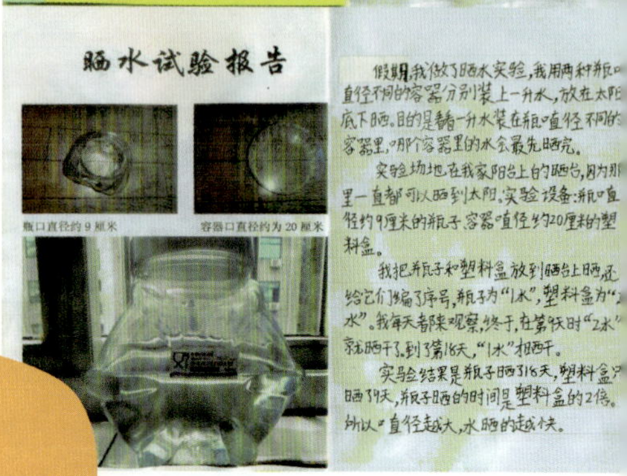

各学科探究实践作业:

我每天写完作业后，可以看看新闻，增长自己的社会见闻。晚上，看看躺在书架上的书，这大大开扩了我的视野和思维。有时还能完成一些小制作和绘画作品，得到了放松和愉悦。周末的时候，我会在小区里骑骑单车，和伙伴们尽情地玩耍，以此锻炼体能。

——毛中林（学生）

各学科探究实践作业:

今天的英语作业，我画的是一片沙滩。我觉得这项作业很新鲜，既可以学会新单词，又可以提高我们学习英语的兴趣。

——曹楚涵(学生)

2010级七班 鲍梦玲（制作）

从生活中来，到生活中去。秸秆、葫芦等科技创新活动将环保理念和实践完美结合，培养了学生的探究意识和动手能力。

在杭州西溪湿地，师生们合作探究，将书本知识延伸到了大自然。生活的课堂里，教师舒缓身心，乐中施教。

成长

因“十商”课程理念的融入，学校课程由原先既定的、单一的形态走向如今丰富的、多元的形态。“十商”理念如一盏明灯，照亮我们对“明天”和“未来”人应该具备的核心素养的思考，寻求学生全面发展与个性发展的统一。于是，素质教育就有了具体的、可操作的目标，实现学生、教师、学校在课程中共同成长。

课程发展

在国家课程体系完备、内容丰富和地方课程完美补充的大框架下，我校“萃美”课程建设注重有效执行、适度开发、校本化实施和资源的利用。“十商”课程理念的有效注入，更使学校办学内涵得以深化，促进教师与学生一起成长。

教师参加“十商”课程培训，满载而归。

▲徐翠银校长在全国第三届“十商”课程研讨会上做主题发言

▼彭小玲老师在沈阳研讨会现场执教微课程

2014年8月，“机器人拼装”社团走出的学生朱禾佳、齐佳莉，参加第十五届全国中小学电脑制作活动机器人竞赛纳英特挑战赛，获得一等奖。

▲ 2014年6月，“童声歌唱团”社团代表学校参加区级比赛，荣获特等奖

▲ 学校“课本剧”社团入选了2014年安徽省少儿春节联欢晚会

光阴荏苒，追问从未间断；
古今中外，探索从未止步；
何为更好的教育？
让我们，
在课程中
播下传道与授业的种子；
在课程中，
收获最美的教育。

尚美教育

民主 › 乐学 › 高效 › 灵动

智美课堂

青年路小学所倡导的智美课堂是在实践尚美教育的基础上提出的教学理念，“智”，含有机智、明智、灵动之意：智美课堂，即以学生为本位，发挥其机智、灵性的课堂模式，这是我们构建智美课堂的根本任务。所以我们的课堂应该是具有民主、乐学、高效和灵动的课堂，这也是我们不断追求的目标。

合作
激趣
分享
减负
提质
高效
乐学
自主
质疑
民主
灵动
平等
互动

高效
乐学
灵动
民主
减负
提质
合作
激趣
分享
自主
平等
质疑
互动

智美课堂

民主

“民主课堂”，通俗地说，就是充满民主教育理念的课堂，它意味着教师对学生能力与潜力的信任，意味着教师尊重学生原有的基础与个性，意味着师生是在探求知识真理道路上志同道合的同志和朋友，意味着还学生自主学习的权利，意味着让学生成为课堂的主人……

平等

教师的职责无疑是“传道授业解惑”，但这并不意味着教师在知识的任何方面都超过了学生，课堂上师生间展开的是思与思的碰撞，心与心的交流，情与情的交融，所以在课堂上老师引导并参与学生学习，在师生平等的气氛中，和学生一起追求新知、探求真理。

老师与学生平等交流

自主

学校加入自育自学课题实验后，根据学校情况分别开设了“读、吃、睡、炼”四个实验班，侧重各不相同，即每天阅读课外书籍一小时、吃好早餐均衡营养、合理安排保证学生充足睡眠、坚持锻炼身体，学生根据自己的实际爱好选择适合的实验班级。课堂教学上教师采用引导自学模式指导学生学习，学生主动参与。这些都为创设宽松民主的课堂氛围打好了基础。

◀ 引导自学，主动参与，让学生成为学习的主人

乐于探究，培养创新精神 ▶

乐学

随着教育者本身由主导者向指导者角色的转变，学生自身角色也发生着积极的变化，在课堂上为孩子们提供富含活力的成长环境，学生就会乐学、善学。乐学的课堂一定是学生的课堂，充分调动学生学习的兴趣，发挥其主观能动性，通过交流分享让知识鲜活起来，使天分不同的孩子都能从课堂中汲取营养，在自我发现中实现生命增值的目标。

激趣

教学中，教师通过创设情境、动手操作、巧设练习、游戏活动等多种方式激发学生学习兴趣，让学生学会学习、爱上学习。

角色扮演，学生乐在其中。

合作

在教学中我们采取多种合作方式，改善课堂学习气氛，发挥学生主体作用，培养合作意识和团队精神，培养良好的认知品质，提高学生综合素质。

瞧，我们搭的书塔高吗？它可是我们小组成员通力合作的成果喔。

“插秧节”生态课堂，让我们在活动中体验劳动的快乐！

分·享

在教学中，学习成果的分享是促进学生课内学习的重要手段。分享能调动学生学习的积极性和主动性，增强学生的自信心，使学生成为学习的主人。

分享好书——哥哥姐姐讲故事

▼ 分享创意——青小·三校区在牛角大圩参加生态课堂活动

▲ 分享劳动技能——满满的收获

高效

随着给学生“减负”的呼声越来越高，如何高效利用好课堂40分钟，让学生在有限的时间里高效地完成学习活动是我们追求的目标。课堂教学的高效性是指在常态的课堂教学中，通过教师的引领和学生积极主动的学习思维过程，在一节课内高效率、高质量地完成教学任务，促进学生获得高效发展。只有敢于把学习还给学生，突出学生的主体地位，让学生去“经历”并且“经验”，学习过程才充满生动和效率。

减负

在课前，教师通过教研(有效备课、三段式集体教研、省级“减负”课题的研究)精心设计教案；课中，教师通过创设情境、运用多媒体教学等多种方式激发学生学习兴趣；课后，通过丰富多彩的作业减轻学生学业负担，高效完成课堂知识。

▲ 课前：精心设计教案——晒晒我们的备课

课上：教师交流点拨

——学生高效率完成当堂内

课后：丰富多彩的作业形式让学生兴趣盎然

——减负增效

提质

随着社会的发展，多媒体已越来越多地走进了课堂。多媒体教学不仅能输出动画、视频、图像和声音，还能实现有趣的人机互动，让我们的课堂随时捕捉孩子的学习难点和思维过程。大数据时代满足了孩子们个性化学习的需求，有效地提高了教与学的效率和质量。

电子书包

——运用多媒体教学，大大提高课堂效率

灵动

灵动的课堂要培养学生的质疑精神和动手能力。课堂上的生成转瞬即逝，教师需要用自己的教学智慧把握和驾驭课堂，每一次精彩的呈现都是学校教学管理和教师精心准备的体现。学校每学期都会开展常规督导检查，由教导处牵头对课堂教学秩序和日常工作进行考核记录，每月一检查都有明确的主题内容：备课、作业、听评课、反思总结等贯穿教学始终，让大家明确工作的重点和方向。每学期通过教学设计、反思、课堂教学等评比，推出优秀教师参加更高层次比赛，促进教师思想上要重视把课堂还给学生，做到以生为本，使课堂更为丰富多彩，以期实现灵动的课堂。

质疑

质疑是学生探索知识、发现问题的开端。没有质疑活动,就谈不上问题研究,谈不上发挥学生的主体作用,也就谈不上学生的创新能力。在课堂中,我们始终培养学生质疑的精神。

学生在课堂中质疑，培养学生敢问、能问、善问的品质。

互动

课堂互动是新课程倡导的重要理念之一。所谓课堂互动，实质是师生双方或学生之间在教学过程中相互交流思想和情感、传递信息并相互影响的过程。灵动的课堂来源于多元的互动，师生之间、生生之间彼此倾听、彼此鼓励，“动”在教学重点、难点掌握处，“动”在学生的情感需要处，“动”在需要师生合作处。

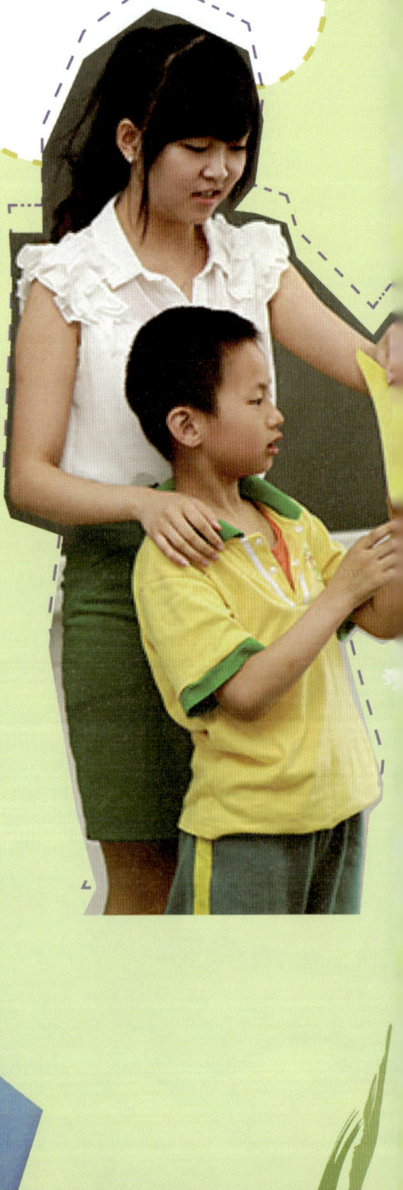

师生互动——引导并参与学生学习

生生互动——传递信息，突破重难点

在新课程理念下，“课堂”已不是传统意义上教师控制的“讲堂”，教师应该有自由开放的心态，师生之间也应该是民主平等的对话，允许学生标新立异、个性发展，让置身其中的师生享受到教学所带来的乐趣，不断焕发生机与活力。

尚美教育

悠美环境 ﹥ 绽美少年 ﹥ 慧美教师 ﹥ 萃美课程 ﹥ 智美课堂 ﹥ **合美家长** ﹥ 励美管理

学力

二十一世纪的家长有三重境界：第一重境界，让孩子成为“我”自己。第二重境界，让孩子成为他自己。第三重境界，与孩子共同实现生命成长。教育孩子，先从改变自己做起。学力是指学习能力和知识水平的简称。这就要求家长必须随时反思自我，改变自我，提高自我。所以不断学习，提高学力，才是成功的家庭教育的前提。

先教育自己，再教育孩子，是学校“合美家长”的家庭教育理念。为促进学习型家庭氛围的形成，学校采取向老师学、向专家学、向书本学、向同伴学四结合的方式，取得较好的效果。

合美家长

学力

二十一世纪的家长有三重境界：第一重境界，让孩子成为“我”自己。第二重境界，让孩子成为他自己。第三重境界，与孩子共同实现生命成长。教育孩子，先从改变自己做起。学力是指学习能力和知识水平的简称。这就要求家长必须随时反思自我，改变自我，提高自我。所以不断学习，提高学力，才是成功的家庭教育的前提。

先教育自己，再教育孩子，是学校“合美家长”的家庭教育理念。为促进学习型家庭氛围的形成，学校采取向老师学、向专家学、向书本学、向同伴学四结合的方式，取得较好的效果。

合美家长

合力
学力
参与管理
参与活动
参与教学
向同伴学
向书本学
向专家学
向老师学

向同伴学
向书本学
向专家学
学力
向老师学
参与管理
参与活动
合力
参与教学

古人云：教有方，学不怠！教有方，学有成！教有方，大不同。前苏联教育家苏霍姆林斯基曾经指出：“教育的效果取决于学校和家庭的教育影响的一致性。”“不关心家长的教育修养，任何教学和教育任务都是不可能解决的。”由此可见，家庭教育是基础，学校教育是提高。“父母是孩子的榜样，孩子是父母的镜子。”家庭教育是教好孩子的关键。在人生各个阶段家庭教育都显得那么重要。而学校有责任帮助家长掌握正确的教育思想和教育方法，提高家庭教育的自觉性和科学性，促进家庭教育与学校教育的一致，共同把下一代培养成国家的栋梁人才。

因此，多年来我们一直致力于培养出“合美家长”，让学校教育和家庭教育相互补充、相互完善。那么，学力、合力就是家校工作的主旋律，家校共赢，共同谱写美的旋律。

学力 > 合力

全美家长

向老师学

每学期一次的全校性的家长学校、一年一度的家长开放日、定期的家访活动是老师与家长零距离接触的常规活动。和家长进行沟通，互相了解学生在另一半时间和空间里的情况，使家长和老师都能更全面了解学生。对于家长对自己子女教育方式不妥的方面，教师可以给出指导方向，引导家长用更合理的方式教育和管理孩子。同时教师也要把学校及个人的教育理念和方法介绍给家长和学生们，让家长对先进的教育理念有进一步的了解。有助于孩子形成积极的学习态度和良好的行为习惯，促进身心各方面发展。

教师通过家访走进家庭，为家长们传经送宝

每一次的家长会，老师们都精心准备，为我们家长提供了高效民主的学习氛围

LEARNING FROM EX

向专家学

每年，学校都会安排省内外知名专家开展“家庭教育的理论知识和实践经验”介绍。学校不仅将家庭教育的知名专家请进来，还安排家长走出去参加社会大型家教讲座。学校在介绍知识和经验的同时，还注重引导家长反思自己的家庭教育。通过反思交流，放远眼光，让思想从当前家庭教育的困境中解脱出来，重拾自信，面向未来，构思家庭教育新方案。

教育专家陈宏友教授、崔跃松教授等都是学校请进来的教育专家，给我们家长开展高层次的家庭教育讲座

学校经常组织家长与高端对话，家长受益匪浅。

学校会经常向我们家长推荐家教书目，并定期开展家长读书交流会促进自我修炼。

向书本学

TO THE CLASSIC STUDY

阅读是学校的主旋律，除了教师、学生要阅读，家长也要阅读。银杏苑校区在学校大门口设置了“家长阅读书架”，供在门口等待孩子的家长阅读。班主任也会在合适的时候面向全班推广家庭教育专著和亲子共读书目。

老师介绍我看一本家教圣经书——《好妈妈胜过好老师》，我受益匪浅。读了这本书我才明白，原来我们的父辈或是我们自己很多以为对的教育方法、想法都是错误的。如果能换个角度来考虑问题，也许一切会更美好。

——吴厚鑫（家长）

向同伴学

三人行必有我师焉。家校经验交流会上，思想火花的碰撞，让我们家长深受启发。

网络也是家长学习的重要途径，班级 QQ 群、校讯通更是方便快捷地传递着家庭教育最新理念，供全体家长讨论、学习。

专家说得对：孩子之所以不一样，是因为他们背后有不一样的父母。要使孩子成才，家庭幸福，必须要提高家庭教育的“科技含量”，必须努力争做学习型家长。诚然，当你进入青小大家庭，就已经成为一名学习型家长，跟着学校、名师和同伴们取长补短，与孩子共同成长。

合力

有人把学校教育比作一只凤凰，学校是一翼，家长委员会是一翼，只有这两者紧密结合了，这只凤凰才能展翅高飞。家校合力可以说是现代学校教育的重要组成部分之一，学校与家庭在目标认同、情感融洽、信息沟通的基础上，互相配合，互相支持，协调一致地完成各种互动活动,这就是家庭教育和学校教育相互合作产生一种合力。家长参与管理、参与活动、参与教学，更是让这股合力汇聚成一股强大的力量，促进教育的蓬勃发展。

参与管理

PARTICIPATION IN MANAGEMENT

为顺应教育形势的发展，学校建立了三级家长委员会，那就是班级自荐家委会、校区家长委员会、校级家委会，由学校德育处牵头。校级家委会成员覆盖三校区，这样就会确保每个校区家校之间的意见都可以互通，让家长从一个学校的旁观者，走入其中，积极参与学校的活动。三级家委会的建立就是组建学校发展的同盟军，让一些优秀家长参与学校管理，为学校的发展出谋划策。

家委会会议定期召开，
为学校建设出谋划策

校级家委会QQ群

银杏苑校区家委会主席王蓓，也是“故事爸爸妈妈”活动的带头人。她说：“能参与到学校教学管理中，发挥我们家长的能量，我非常荣幸，这是一种强烈的教育责任感和集体归属感。”

家长们积极参与“护花使者”工作，为上放学路上的孩子们保驾护航

参与活动

PARTICIPATE IN ACTIVITIES

在上放学路上、图书馆里、入学行为规范训练中能看到他们默默奉献的身影，在社会实践活动时，在运动会、科技节、艺术节等大型活动中，他们都牺牲休息时间，发挥各自优势做好服务保障工作，这就是以默默奉献的精神和举止言行“滋养”孩子心灵的家长志愿者。家长志愿者协会是家委会旗下的品牌项目，现在，家长参与学校的活动在学校几乎没有盲区，每一项工作的开展都能见到家长的身影。

读书节、体育节、春游……只要学校有大型活动，就能看到家长义工们忙碌的身影。

▼ 家长志愿者代表组成方阵参加了校运动会开幕式。瞧！他们神采奕奕，身着义工服装，排着整齐的队伍，豪迈地向主席台走来。孩子因为有这样的父母而感到自豪，学校因为有这样一群热心家长而感到骄傲

▼ 春游前，家委会主席为学生送来免洗消毒液，细心呵护学生健康

参与教学

家长是学校的一种重要的教育资源，对于学校教育资源而言，是一种巨大的补充，是丰富多彩、取之不尽、用之不竭的。而“和美”讲堂是家委会旗下另一拳头项目，是青小开展的特色活动之一，即让每一位家长走上讲堂成为可能。故事爸妈走进阅读课；魅力周末社团带来了围棋、书法、剪纸等课程；南枫讲堂里更是有理财、法律、社交礼仪、急救等丰富的知识。家长结合自身职业特点，旨在弥补学校教育教学资源的不足，通过多种方式使孩子开阔视野、增长见识，更好地为学生成长提供优质高效的教育资源。

我作为家长代表参与了这节《按键与数码管综合实验》课。教学不仅仅是从课本中来，动手的能力、操作的技巧、创新的潜质也同样重要。感谢四(4)班班主任卫老师的用心良苦，创造条件为同学们提供由“工程师”直接授课的难得机会。从已经举办的几期课程来看，同学们兴趣很高，心中已经种下了“动手创新”的种子。

——王良蒙（家长）

▲热心家长们开设的“和美讲堂”，为同学们打开了一扇扇知识之窗

平常我们家长忙于工作而忽略了孩子，在此活动中学校为我和孩子提供了一个沟通的平台，同时也增进了家长和孩子的了解，使得亲子之间的关系更加融洽，家庭更加和谐，也创造了家长和老师沟通交流的机会。孩子的教育不单单是学校一方面的，而是学校、家庭两方一起努力付出。我们将会继续支持与配合老师的教育工作，积极参加学校举办的亲子活动。在此真诚地感谢老师的辛勤付出，你们辛苦了！

家长走进课堂变身“故事爸爸妈妈”，为萃美课程添砖加瓦！

教育意味着一棵树摇动另一棵树，一朵云推动另一朵云，一个灵魂唤醒另一个灵魂。家校合力，凝聚各方力量参与教育的整个过程，走进孩子心灵，共同搭建孩子成长的精彩舞台，感受教育给孩子带来的欣喜变化，是我们不懈追求的教育理想。

尚美教育

悠美环境 〉 绽美少年 〉 慧美教师 〉 萃美课程 〉 智美课堂 〉 合美家长 〉 励美管理

规范

规范化管理是从学校系统的整体出发，对教育教学的各个环节制定制度、规程、标准等，始终把规范管理做到与时俱进，不断地健全和完善。学校以依法办校、按律治教为前提,建立了一套科学、有效的章制体系，配之以科学合理的绩效考核，使师生自觉地围绕学校的管理目标运作，就像地球绕着太阳运转一样，它的运行轨道谁也看不见，但却永远沿着那无形的轨道运转而不偏离。

励差管理

激励
激励教师
激励学生
尊重
尊重学生
尊重教工
合作
部门协作
学生自主管理
家校共育
单位共建
规范
流程规范
标准规范
制度规范

尊重学生
激励教师
尊重教工
激励学生
尊重
激励
部门协作
流程规范
学生
自主管理
标准规范
规范
合作
家校共育
单位共建
制度规范

管理是一所学校发展的基石，学校管理的最终目的是促进学校的可持续发展和师生的共同成长，让每个生命美丽绽放。

管理的精髓是“理”，“管”不是目的，“理”才是追求，管理的本质是协调和激励。教育是尚美的。一直以来，学校的管理以真和善为基础，追求美的境界，以美导真，以美导善，着力于恰当运用激励方法管理学校，这样就可以充分调动教职工的积极性和创造性，使全体师生在学校管理理念的熏陶和引领下，传承和发展学校文化，使其内化为全体师生的行为，成为一种规范、一种尊重、一种激励、一种合作，进而在潜意识下积极、主动、高效地从事工作和学习。师生们的一言一行、一举一动，体现了学校的管理水平，彰显了学校的办学特色和文化品位。

管理团队

规范 > 尊重 > 激励 > 合作

励美管理

制度规范

学校各项管理制度规范，制度制定明确细致，包含了学校管理的各个方面，包括各室管理规则，学生管理、各项工作职责，师德规范等，各项管理均依据制度，规范执行，实施力强。

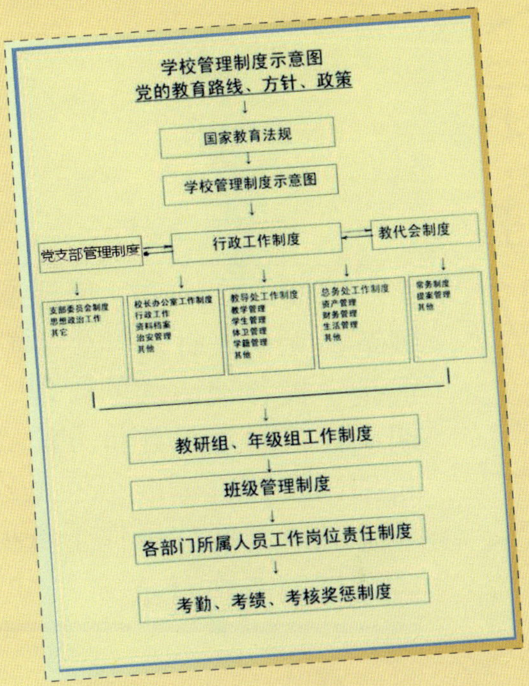

▲ 管理制度示意图

▲ 管理手册及目录

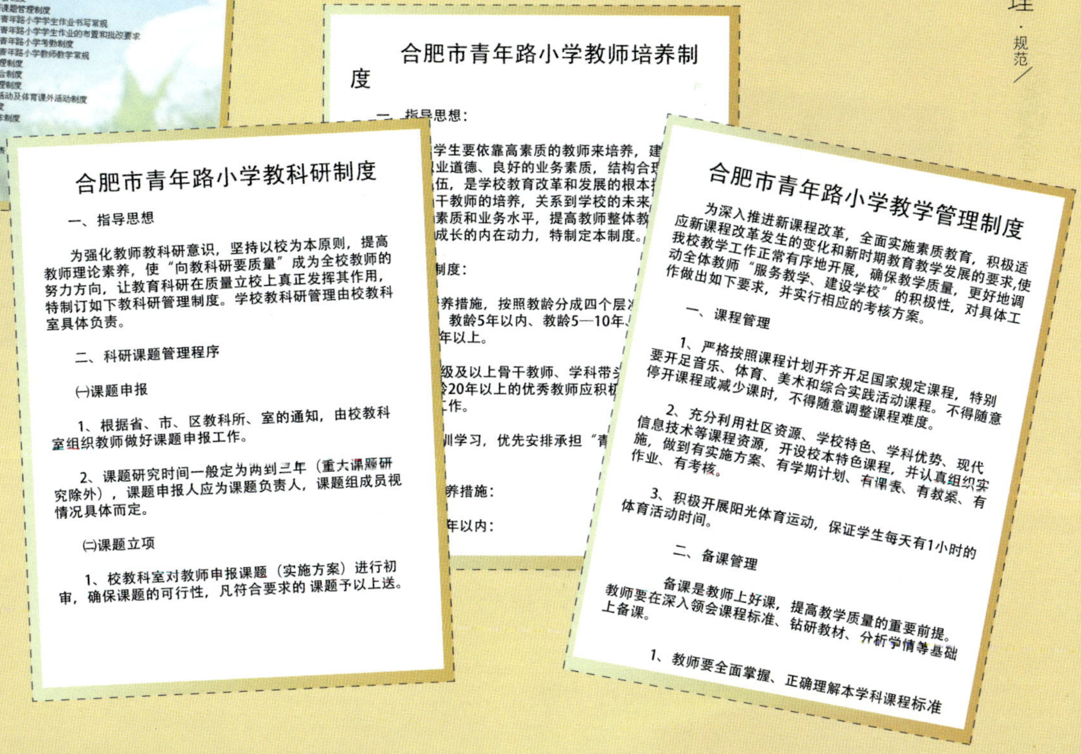

合肥市青年路小学教科研制度

一、指导思想

为强化教师教科研意识，坚持以校为本原则，提高教师理论素养，使“向教科研要质量”成为全校教师的努力方向，让教育科研在质量立校上真正发挥其作用，特制订如下教科研管理制度。学校教科研管理由校教科室具体负责。

二、科研课题管理程序

㈠课题申报

1、根据省、市、区教科所、室的通知，由校教科室组织教师做好课题申报工作。

2、课题研究时间一般定为两到三年（重大课题研究除外），课题申报人应为课题负责人，课题组成员视情况具体而定。

㈡课题立项

1、校教科室对教师申报课题（实施方案）进行初审，确保课题的可行性，凡符合要求的课题予以上送。

合肥市青年路小学教师培养制度

一、指导思想：

……学生要依靠高素质的教师来培养，……业道德、良好的业务素质，结构合……伍，是学校教育改革和发展的根本……干教师的培养，关系到学校的未来……素质和业务水平，提高教师整体……成长的内在动力，特制定本制度。

合肥市青年路小学教学管理制度

……应新课程改革发生的变化和新时期教育教学发展的要求，使我校教学工作正常有序地开展，确保教学质量，更好地调动全体教师“服务教学、建设学校”的积极性，对具体工作做出如下要求，并实行相应的考核方案。

一、课程管理

1、严格按照课程计划开齐开足国家规定课程，……

2、充分利用社区资源、学校特色、学科优势、……

3、积极开展阳光体育运动，保证学生每天有1小时的体育活动时间。

二、备课管理

备课是教师上好课，提高教学质量的重要前提。教师要在深入领会课程标准、钻研教材、分析学情等基础上备课。

1、教师要全面掌握、正确理解本学科课程标准

╲标准规范╱

学校一直注重评价标准的规范，无论是针对学生、教师或是学校各项活动的管理，都明确评价内容、评价方法、评价细则及评价标准，公正公开，及时准确，确保了各项管理制度的实施力。

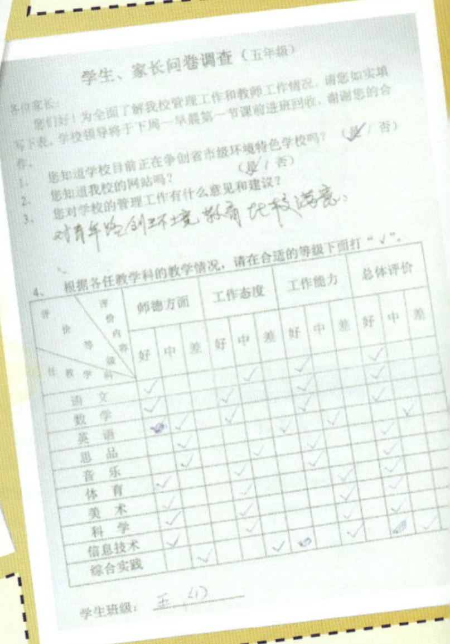
学生、家长问卷调查（五年级）

各位家长：

您们好！为全面了解我校管理工作和教师工作情况，请您如实填写下表，学校领导将于下周一早晨第一节课前进班回收，谢谢您的合作。

1. 您知道学校目前正在争创省市级环境特色学校吗？（是 / 否）
2. 您知道我校的网站吗？（是 / 否）
3. 您对学校的管理工作有什么意见和建议？

对青年路创环境教育比较满意。

4. 根据各任教学科的教学情况，请在合适的等级下面打“√”。

评价内容 / 评价等级 / 任教学科	师德方面			工作态度			工作能力			总体评价		
	好	中	差	好	中	差	好	中	差	好	中	差
语文												
数学												
英语												
思品												
音乐												
体育												
美术												
科学												
信息技术												
综合实践												

学生班级：五（1）

▲ 教师评价标准民主规范

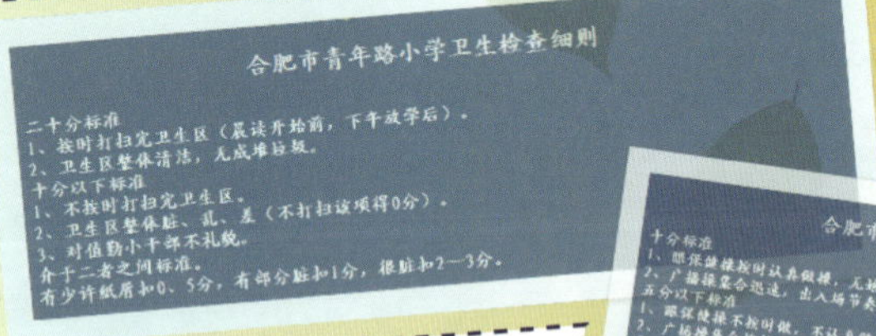
合肥市青年路小学卫生检查细则

二十分标准

1、按时打扫完卫生区（晨读开始前，下午放学后）。
2、卫生区整体清洁，无成堆垃圾。

十分以下标准

1、不按时打扫完卫生区。
2、卫生区整体脏、乱、差（不打扫该项得0分）。
3、对值勤小干部不礼貌。

介于二者之间标准。

有少许纸屑扣0．5分，有部分脏扣1分，很脏扣2—3分。

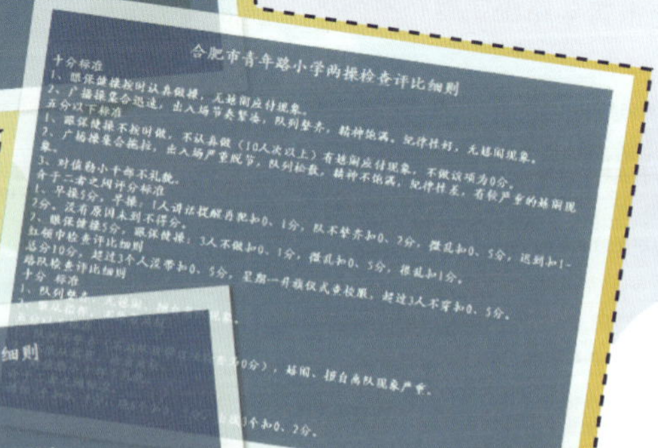
合肥市青年路小学两操检查评比细则

十分标准

1、眼保健操按时认真做操，无嬉闹应付现象。
2、广播操集合迅速，出入场节奏整齐，队列整齐，精神饱满，纪律性好，无嬉闹现象。

五分以下标准

1、眼保健操不按时做，不认真做（10人次以上）有嬉闹应付现象，不做该项为0分。
2、广播操集合拖拉，出入场严重脱节，队列松散，精神不饱满，纪律性差，有较严重的嬉闹现象。
3、对值勤小干部不礼貌。

介于二者之间评分标准

1、早操5分，早操：1人讲话捉醋丢耙扣0．1分，队不整齐扣0．2分，微乱扣0．5分，迟到扣1-2分，没有原因未到不得分。
2、眼保健操5分，眼保健操：3人不做扣0．1分，微乱扣0．5分，很乱扣1分。

红领巾检查评比细则

总分10分，超过3个人没带扣0．5分，星期一升旗仪式查校服，超过3人不穿扣0．5分。

路队检查评比细则

十分 标准

1、队列整……

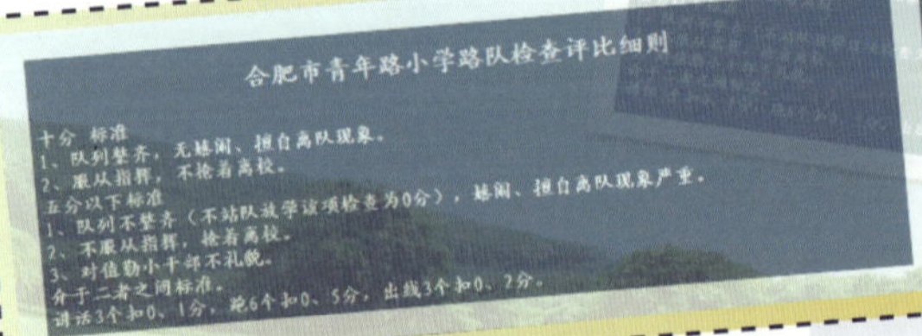
合肥市青年路小学路队检查评比细则

十分 标准

1、队列整齐，无嬉闹、擅自离队现象。
2、服从指挥，不抢着离校。

五分以下标准

1、队列不整齐（不站队放学该项检查为0分），嬉闹、擅自离队现象严重。
2、不服从指挥，抢着离校。
3、对值勤小干部不礼貌。

介于二者之间标准。

讲话3个扣0．1分，跑6个扣0．5分，出线3个扣0．2分。

▲ 学生评价标准细则明晰

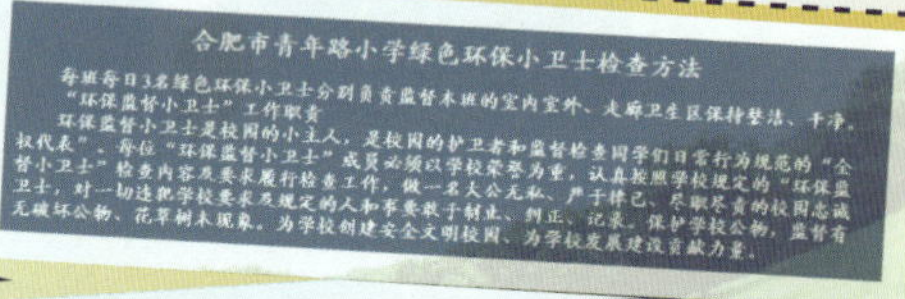
合肥市青年路小学绿色环保小卫士检查方法

每班每日3名绿色环保小卫士分别负责监督本班的室内室外、走廊卫生区保持整洁、干净。

“环保监督小卫士”工作职责

环保监督小卫士是校园的小主人，是校园的护卫者和监督检查同学们日常行为规范的“全权代表”。每位“环保监督小卫士”成员必须以学校荣誉为重，认真按照学校规定的“环保监督小卫士”检查内容及要求履行检查工作，做一名大公无私、严于律己、尽职尽责的校园忠诚卫士，对一切违犯学校要求及规定的人和事要敢于制止、纠正、记录，保护学校公物，监督有无破坏公物、花草树木现象。为学校创建安全文明校园、为学校发展建设贡献力量。

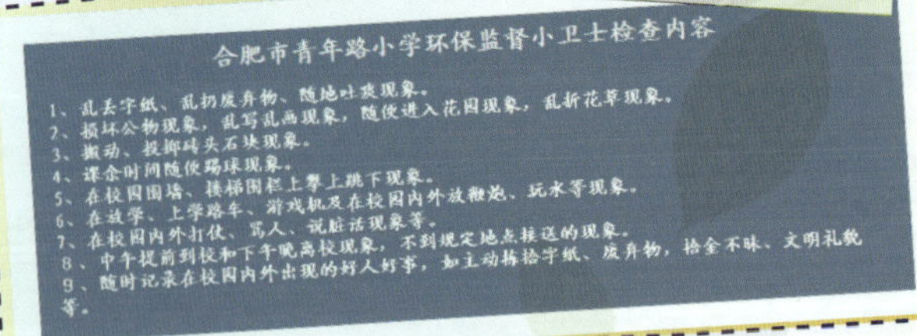
合肥市青年路小学环保监督小卫士检查内容

1、乱丢字纸、乱扔废弃物、随地吐痰现象。
2、损坏公物现象，乱写乱画现象，随便进入花园现象，乱折花草现象。
3、搬动、投掷砖头石块现象。
4、课余时间随便踢球现象。
5、在校园围墙、楼梯围栏上攀上跳下现象。
6、在放学、上学路车、游戏机及在校园内外放鞭炮、玩水等现象。
7、在校园内外打仗、骂人、说脏话现象等。
8、中午提前到校和下午晚离校现象，不到规定地点接送的现象。
9、随时记录在校园内外出现的好人好事，如主动捡拾字纸、废弃物，拾金不昧、文明礼貌等。

▲ 环保评价标准彰显特色

学校管理中我们提倡处处讲规范、无处不规范。党员教师起到模范带头作用，以身作则；各项教学活动开展得有声有色，效果斐然；教师签订安全责任书、师德承诺书，提高自身要求。学生管理上，两操、路队、升旗、卫生等明确管理细则，力求细致入微；在社团，集体活动中也彰显规范管理，井然有序，注重培养学生良好的行为习惯。学校制度明确精细，各项管理依据执行；固定资产账目清晰，清查及时，使用记录详细；各功能室要求严谨，管理人员职责明确。

流程规范

▼ 党务公开 及时公正

每日相约

周一：行政例会

周二：常规教研

周三：政治学习

周四：课题研究

周五：课程拓展

▼ 整齐有序 安全出入

▼ 常规检查 持之以恒

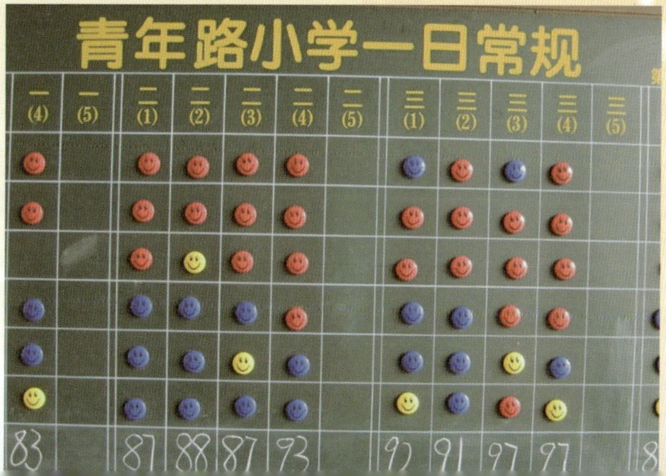

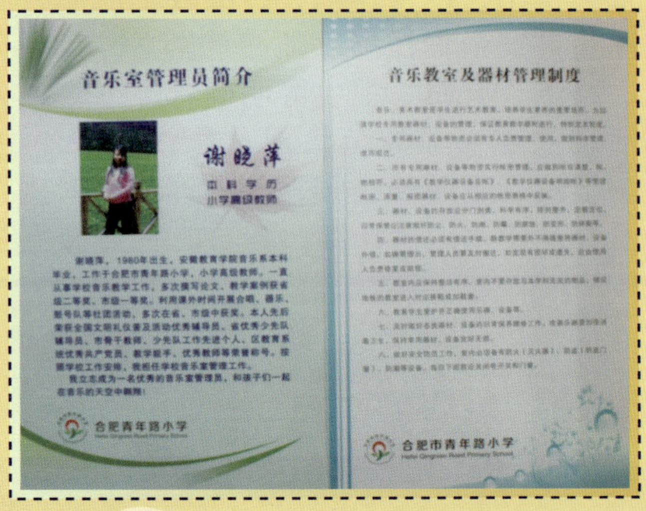

◀ 各室管理　立显规范

资产汇总查询（按财务大类）

资产卡片总计：1107

行号	单位名称	财务大类	制单日期	价值	数量
1	合计			10,476,398.75	27741
2	合肥市青年路小学	⊟		10,476,398.75	27741
3		专用设备	⊞	62,100.00	29
4		房屋建筑物（	⊞	4,694,304.00	8
5		一般设备	⊞	4,448,378.93	999
6		其他	⊞	952,554.24	3843
7		图书	⊞	319,061.58	22862

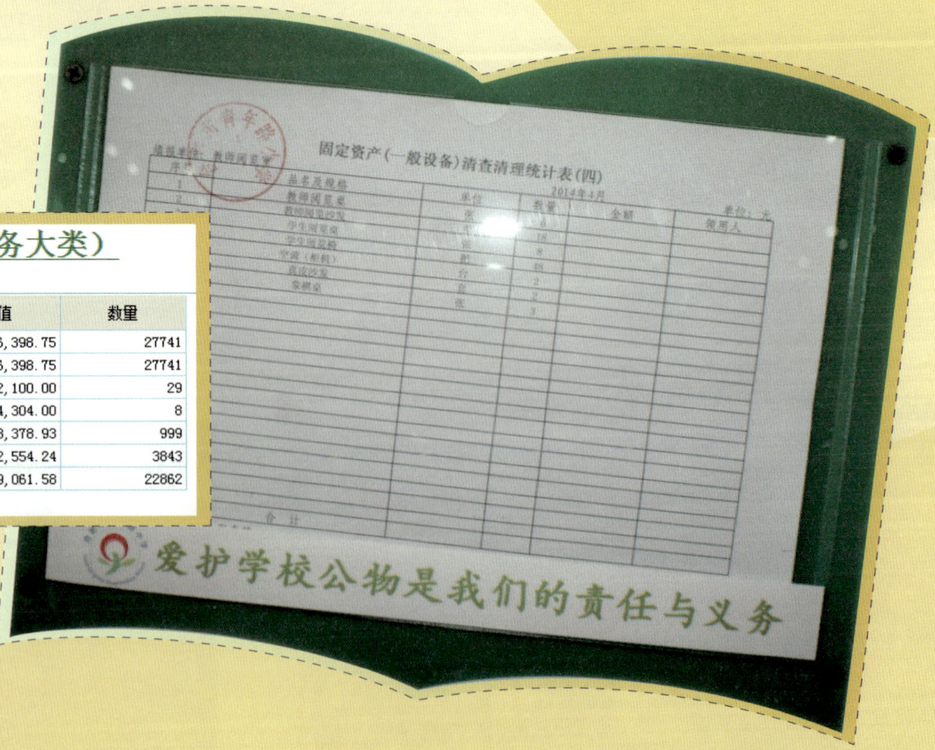

▲ 账目明细　一目了然

尊重

学校是师生“实现生命意义的地方，展示才华的场所，追求幸福的家园”。学校管理的出发点和归宿点应立足于“人本”。所以，一个理想的学校，应是一个关注师生共同成长的绿色空间，关注师生和谐发展的民主舞台，关注师生生命质量的精神港湾。

学校管理不单单是学校文化建设，更重要的是一种学校文化精神的塑造，用文化的精神去熏染人，用文化的制度去约束人，用文化的氛围去感召人，用文化的魅力去浸润人，用文化的品位去提升人，进而丰厚人的精神底蕴，滋养人的文化素养，让学校成为传播科学的殿堂、弘扬文化的圣地、张扬个性的乐土、净化心灵的家园、凝聚人心的王国。

尊重教工

尊重教师就要尊重教师的知情权、选举权、决定权。学校长期以来以广大教职工为核心开展各项选举评议工作，充分尊重教师们的意愿，支持教师们积极参与到管理中来，提出意见和想法。

张老师：尚美教育很符合学校的发展，围绕美来做教育，突出特色，传承美、提炼美、发展美！

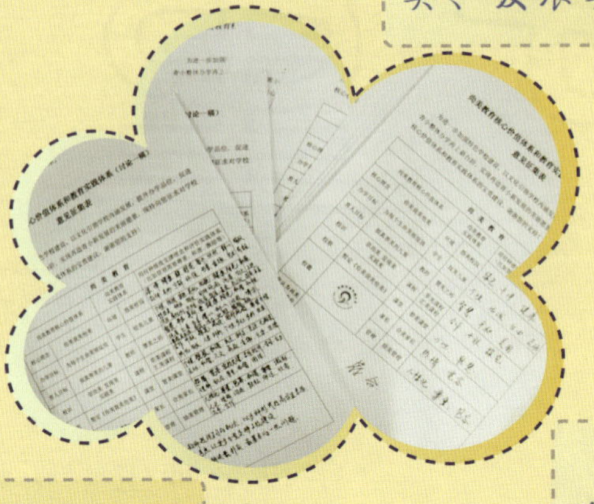

李老师：围绕尚美教育体系做下去，学校办学特色彰显，符合时代气息，富有内涵，有利于学校可持续性发展。

王老师：尚美教育核心价值体系的提炼很符合青小发展的历史和现状！

▲ 尊重民意，和谐之美

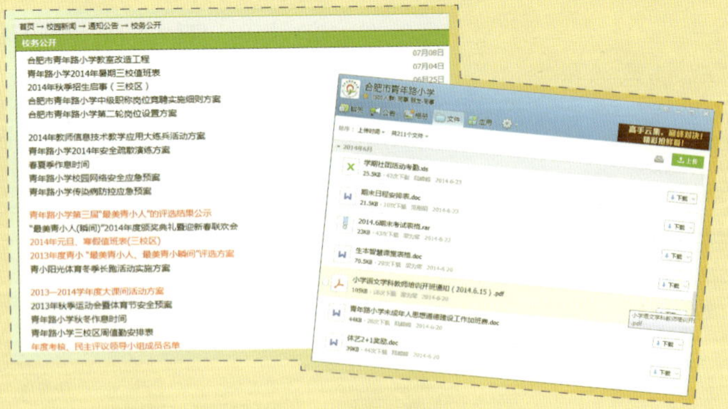

▲ 学校工作，你知我知，阳光透明

每逢佳节学校都会为默默奉献的保安、保洁人员送去亲切的慰问，还经常组织主题教育活动，让学生学会感恩和尊重。

▲ 让尊重成为心中的暖流

◀ 叔叔、阿姨，你们辛苦了

尊重学生

尊重学生，你才能了解学生，更好地管理学生。学校各项活动的开展，无不给学生提供建议和决定的权利，让他们真正成为学校的小主人。尊重学生的同时尊重学生的个性发展，尊重学生的各项能力，关注他们各方面的成就，不拘于形式，给予他们更广阔的天空去发展和提高。

校长信箱：hfqnlxx@163.com

学生意见：希望篮球场多设几个篮球架。

校长回复：学校暑期会在篮球场两侧添加四个篮球架，相信开学会给你带来惊喜。

学生意见：学校图书馆活动有的时候不知道时间，已经错过了几次精彩的活动了。

大队部回复：图书馆每周活动都会在馆里公示栏标明时间，另外，你也可以询问管理员老师或者直接询问你们班的小管，他们会给你满意的回答。

◀ 自育自管，小荷已露尖尖角

激励

激励是指激发人的动机的心理过程，通过激励使人在某种内部或外部刺激的影响下，始终保持一种积极、兴奋的状态。美国心理学家威·詹姆斯在激励研究中发现，受到充分激励的人，其能力可以发挥到激励前的三至四倍。管理的追求是完成从他律到自律的过渡，使教师在心情舒畅、民主自由、尊重个性的环境中创新和创造。激励式的管理并不是取消制度，而是将制度上升到文化层面的更人性化管理。我们追求用激励式的管理来发挥教师的主动性、创造性，在一种更为人性化的管理中来运行学校工作。

激励教师

一年一度的“最美教师”评比，弘扬了正气，歌颂了高尚的品德和敬业奉献的精神。

每逢教师节，学校总会为老师精心准备一份别样的节日祝福。

支教教师为教育事业做出了很大的贡献，学校一直致力于对他们激励关怀，给他们尽可能的帮助。

学校大力提倡鼓励教师走出去，去学习充电，既提高自己的专业素养，又能为学校管理等方面带来新的理念，促进学校的发展。

感动时刻：“最美教师颁奖激励”全体教师积极向上

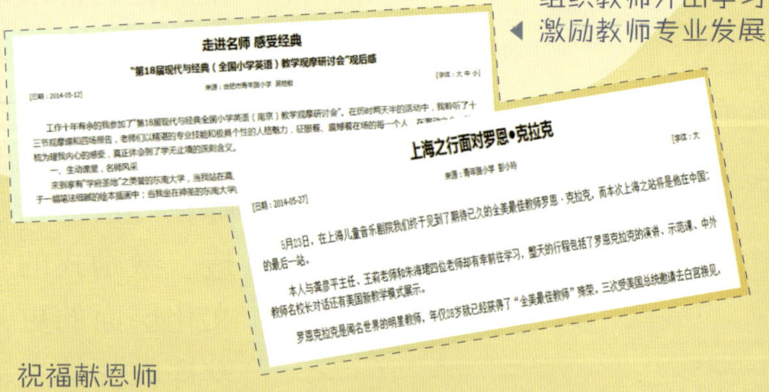

组织教师外出学习，激励教师专业发展

感谢有你：鲜花、祝福献恩师

感受支教：教育与爱同行

激励学生

管理的核心是激励，学校的重心在孩子，注重每一个孩子的成长，就必须给他们以激励，使得他们形成价值观，树立信心和成就感，才能更好地进步。

嘉奖优秀集体、嘉奖绽美少年……一系列的激励机制在校园各项管理工作中发挥了重要作用。

环境教育是我校传统特色，对学生环境方面的激励尤为重要。为激励学生全面发展，学校长期开展歌唱、乐器、篮球等各类比赛，对能力突出的学生给予鼓励。

颁奖优秀中队，大家你追我赶

特色奖励，展现多样才华

嘉奖绽美少年，激励不断进步

合作

每到秋天，总能看到一群群大雁排成“人”或“V”字队形飞往温暖如春的南方过冬。只有在这样的团队中，大雁才能飞得更高更远。“大雁南飞”给学校的管理以这样的启迪：雁南飞是一个团队合作的过程，是一群志同道合的伙伴互相帮助、互相协作、互相鼓励，直至实现共赢的过程。

同样，学校也需要这样一支高效的“雁阵”团队，集体奋斗，团结一致，心往一处想，劲往一处使。也只有这样，学校的办学目标才能够实现。有几句话说得好：“一滴水只有放进大海才永远不会干涸，一个人只有融入集体才最有力量！”“众人拾柴火焰高……”“一根筷子容易弯，十根筷子折不断。”这都是团队合作精神重要之所在。

部门协作

每一项活动的顺利开展都离不开各部门的相互配合、相互支持，大家群策群力，为着共同的愿景——学校的美好发展，去努力着！

借助团队拓展训练增强教师的团队协作精神、合作意识，团队成员密切配合，合理分工，系统思考，整体决策。

学校有优秀的教科研合作传统，每当教师参加教学评比，教学、教研、后勤各部门全程参与，为老师做好磨课、服务等保障工作。学校经常邀请区域内的专家、兄弟学校的老师到校开展教育教学活动，积极地推动教育教学管理工作，不同层面的合作在学校各项工作中发挥着重要的作用。

▼ 部门通力合作，各项活动大放光彩

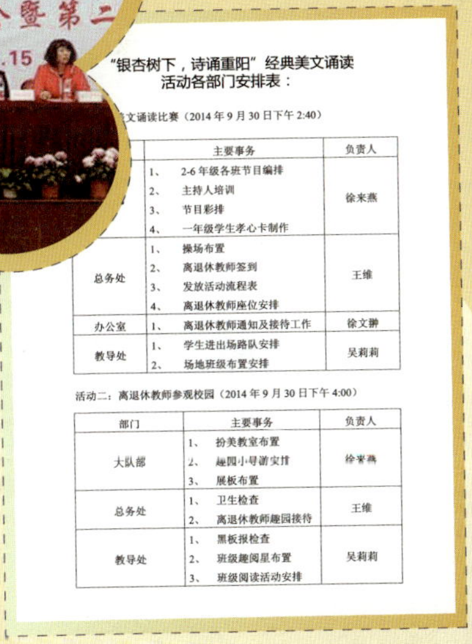

"银杏树下，诗诵重阳"经典美文诵读活动各部门安排表：

文诵读比赛（2014年9月30日下午2:40）

	主要事务	负责人
	1、2-6年级各班节目编排 2、主持人培训 3、节目彩排 4、一年级学生孝心卡制作	徐来燕
总务处	1、操场布置 2、离退休教师签到 3、发放活动流程表 4、离退休教师座位安排	王维
办公室	1、离退休教师通知及接待工作	徐文翀
教导处	1、学生进出场路队安排 2、场地班级布置安排	吴莉莉

活动二：离退休教师参观校园（2014年9月30日下午4:00）

部门	主要事务	负责人
大队部	1、扮美教室布置 2、趣园小导游安排 3、展板布置	[illegible]
总务处	1、卫生检查 2、离退休教师趣园接待	王维
教导处	1、黑板报检查 2、班级趣阅星布置 3、班级阅读活动安排	吴莉莉

▼ 学校将团队拓展训练精神实践到工作上，齐心协力，共创美丽青小。

学生自主管理

少先队活动是学生在校生活的重要载体和摇篮，通过参与、体验少先队管理，学生在活动中找到一个岗位，扮演一个角色，在活动中感悟一种人生经验，成为学校管理中的重要力量。

教育是“授之渔”的过程，青小注重在活动中培养学生参与活动管理的能力，“轮值周小卫士”“青芽儿小校长”无不发挥学生自主性、能动性、创造性、合作意识，让学生成为学校的主人。

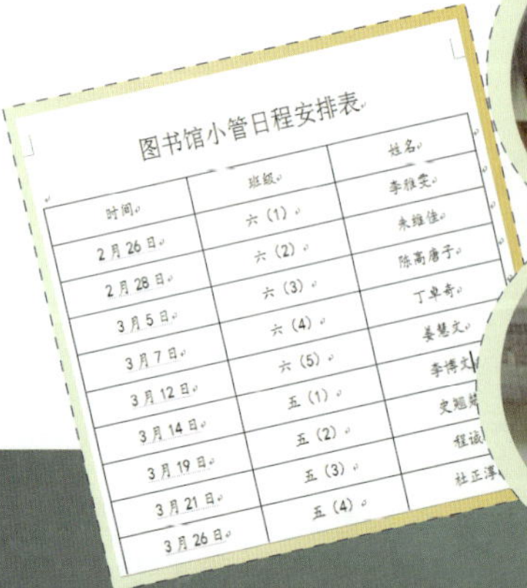

图书馆小管日程安排表

时间	班级	姓名
2月26日	六（1）	李雅雯
2月28日	六（2）	朱维佳
3月5日	六（3）	陈高唐子
3月7日	六（4）	丁卓奇
3月12日	六（5）	姜慧文
3月14日	五（1）	李博文
3月19日	五（2）	史姻
3月21日	五（3）	程诚
3月26日	五（4）	杜正淳

▲ 没有教师的图书馆一样安静有序

◀ 参与常规管理，学校是我的舞台

家校共育

学校管理离不开与家长的合作。每年的“建言献策　共话学校发展”活动中，学校请每位家长填写意见征集表，从学校管理、特色办学、常规活动等各方面征求家长意见，由家长组成的“和美智囊团”和学校各部门老师对家长意见进行“金点子”评选，并在后期工作中采纳和落实，充分发挥家长参与学校管理的主动性、积极性。

献言献策，
学校管理离不开您

“和美智囊团”献言献策

学校加强商店管理，杜绝三无食品进校园，监控物价与质量，同时对校门外商店加强卫生监督。请家长和学校一起教育学生不带零花钱、不吃零食。

有正式的图书监管小组，杜绝影响不好的图书在学生间流传，让学生读一些感兴趣的、种类多样的、能帮助学生多了解社会的、能学到日常知识的书籍。也可在班上开设读书角，截载文章来丰富它。

加强放学时北大门口秩序的管理，既管三尺门里，也察三尺门外。可以发动家长协助。

单位共建

学生与周边单位合作，聘请公安、交警部门警官作为学校法制副校长，培养学生良好的行为习惯，增强法律知识，也为学校管理工作保驾护航，给校园安全带来保障。

幼小衔接、小初衔接、社居委公益活动进校园，与少儿活动中心的合作等，使学生更好地融入新的学习环境，创新实践能力也得到很大的提高。

▲ 社居委公益活动走近学校管理，贴近学生实际

实践活动，丰富学生的课外知识 ▸

◂ 交通手势我会做，交通安全我最棒

我们将坚持励美管理的理念，建立更有效的管理模式，培养智慧和谐的团队，为教师和学生发展搭建平台，提升学校品牌，让尚美在青小的沃土上焕发蓬勃的生机和活力。

后记

追寻美的足迹

2012年6月，我被交流到合肥市青年路小学。离开工作24年之久的卫岗小学，多有不舍和难以适应，还没有来得及缓冲，难题就扑面而来。首先是学区的变化，因前进小学一年级停招，学区由我们覆盖，造成学生过多难以吸收；其次是加入创办最美乡村教育典范项目行列，整体接管师生不足百人的鲍岗小学，形成一校三址，点多线长，教师不足。面对巨大的变动，学校内领导班子和教师们心存疑虑、担忧，更多的还是对政策的不理解。面对全新的工作环境，我内心忐忑，面对现实的问题，不容回避，又刻不容缓。在那时，支撑自己的是一份多年的工作信念："相信教师，依靠教师，竭尽全力，办法总比困难多。"所以，我没有急于应对，而是进课堂、问教师，请老师们出主意、想办法，当然也没忘记听取家长的建议。一次次的交流后，大家的心也越来越近了，解决问题的策略也逐步清晰，难题终于在局领导的支持下得到顺利解决。正因为有这样的不易，所以在2012年9月1日的开学典礼上，青年路小学三校区同时以"翻开美丽的新一页"为主题开启新学年，让有着60多年办学历史的青小在重大变动面前呈现的仍然是一份担当、包容与大气。

在"翻开美丽的新一页"上如何传承学校的办学特色，书写教育教学新篇章是我和团队成员要面临的新任务。于是，借助党的群众路线教育实践活动的春风，我们在全校开展了以"提升办学理念，建设美丽青小"为主题的校园文化建设。在活动之初，学校召开了退休老教师、老领导座谈会，从他们的思考中我们得出：青小最为突出的优势是有一支爱岗敬业、教学能力上乘的教师团队。同时，我们在全体在职教师中开展了学校优劣势的SWOT分析，在这一分析中，大家找到了属于青年路小学办学特色的基因，那就是——秉承"爱生命 爱环境 会学习 会创新"的目标，让孩子在优美环境中健康成长。带着这一思考，我们带上"在传承中创新学校文化"的学校文化建设第一稿北上请教北京师范大学校长培训学院院长陈锁明博士。睿智的陈院长一语道出我们洋洋万言材料中的核心表达："美与环境的结合，可以从崇尚美、发现美、实践美的思路走尚美教育的办学实践，尚美可以是环境建设，可以是课程、课堂、教师、学生、管理等追求，我们的学校应该为孩子美好的未来奠定基础。"院长的一席话顿时让我们豁然开朗，正所谓：众里寻他千百度，那人却在灯火阑珊处。

北京之行让我们坚定了"思想办学　　文化理校"的行动。回校后我们与全体教师一起寻根溯源，查找学校办学历史传承中美的元素，践行各美其美的理论。期间，我们下发问卷2300张，召开周边共建单位恳谈会，听取校外人士的合理建议，同时成立了学校办学实践工作核心组，核心组下设七个小组：悠美环境组由吴莉莉负责，范晓燕、王维、张国锋、张园园、王丽、荣蓉、丁芳、刘兰兰等老师参与；绽美少年组由汪曙红负责，徐红菊、敖慧、徐淮萍、陈荣义、谢晓萍等老师参与；慧美教师组由谢丽丽负责，卫夙琪、张岑、吴智武、王君君、张静、王海霞等参与；萃美课程组由范丽娟负责，龚彦平、王晶、管建璐、彭小玲、陈凤娟、王莉、刘

影、陈丽丽等老师参与；智美课堂组由梁为常和李艳负责，胡贤文、杜娟、刘菊珍、阮芳、宦乐、吴艳敏、张承燕等老师参与；合美家长组由陆嵘嵘负责，车倩等老师参与；励美管理组由蔡敏负责，鲍虎、徐来燕、徐文翀、蔡松山、陶敏、范学军、陆海慧、梁宣传、陈文梅等老师参与。七组成员从环境教育特色起步，与全校师生且行且思、且述且编。我们在崇尚美、发现美、践行美的路径中选择了“图说尚美”的方式编纂我们的文化宝典；我们用精练的炼字表达对教育的理解和追求；我们用清晰的架构明确学校文化的实施路径；我们用孩子、家长、老师的作品来展现学校文化共同的价值观。一次次挑灯夜战，只为推敲一句话如何精确表达，一轮轮讨论交流，只为争辩一幅画面的恰当美观。从春到夏，从夏到秋，历时大半年的编写历程是学校办学理念、办学实践深度反思，提升塑造的过程。从初稿到12稿，团队的每一个成员在磨合中变得更加融洽，大家说的最多的一句话是：“我们终于明确以后工作该怎么干了！”

回望艰难的学校核心价值观凝炼之初，我们痛并快乐着，沿着核心价值观而生发的办学实践，不是对以往工作的否定，而是对学校文化的传承和创新。

现在《图说尚美》一书终于出炉啦，它凝结着全体青小人的反思与智慧，我们期待这本书能够作为新入学的孩子和家长的一份校园导视图，也期待看过这本书的人能读懂青小的文化符号。此时此刻我最想表达的是一份由衷的感恩之情。感谢所有老师、孩子们、家长朋友对学校发展的关心和支持，是他们让我感受到肩上背负的信任和期待；感谢我的管理团队对学校文化建设所做的努力，是他们给我一路向前的巨大动力；感谢区教体局搭建的包河名校长工作室平台，让我有幸拜北师大陈锁明院长为师，在学校文化提升重塑的过程中，不仅得到陈院长悉心指导，而且受到顾明远先生的关心并为我们亲自题写书名，让我们感受到来源于大师的温暖；感谢合肥师范学院陈宏友老师和区教研室李琼主任的理论引领和实践指导；感谢我的名校长工作室的同伴们，他们的帮助让我们扬长补短；更要感谢以陈雪梅局长为核心的局领导集体对于名校长办学理念与实践工作的推动，这样的助推让我们在不断的反思与提升中建立一份办学的自信与追求；感谢区委、区政府等各级领导对教育发展的高度重视和大力支持，让我们感受到作为一名校长的职业尊严与使命！感谢图语的设计师们，感谢安徽文艺出版社的编辑，是他们让我们美美与共！

面向未来，尚美，我们永远在路上！

感谢所有为本书提供图片的学生、家长、老师及社会各界人士。由于时间仓促，书中个别图片中涉及的人员未能取得联系，我们将继续联系。同时，如有特别要求者，请与编者联系。

徐翠银

2014年10月30日

附录

感言

悠美环境组 吴莉莉感言：

在工业化社会向信息化社会转型的今天，青小这所与共和国同龄的老校必须实现跨越式的发展，以满足家长对教育的更高期望，满足学生终生发展的需求。“定位学校发展方向，提升核心办学价值观，重塑学校文化形象”是必经之路。“尚美教育”，让我们肩并肩，在路上。

绽美少年组 汪曙红感言：

我们是一群教育的守望者，透过学校发展的历史，追踪学校快速的步伐，我们反复思考、研究、审视及再认识，凝思成《图说尚美》——“一图一画一世界，一语一说皆教育”，希望读懂“尚美”，读懂我们。

慧美教师组 谢丽丽感言：

秋天是个收获的季节，从春到夏，从夏到秋，增删十二稿，《图说尚美》这本书终于出炉了。回忆这个过程，是一个发现美、实践美的过程，在“尚美”理念的引领下，我们的老师越来越“美”！

萃美课程组 范丽娟感言：

一稿二稿三稿，难才可贵；
你美我美他美，各美其美。
借图发挥别有意，
话说教育也寄怀；
抚今追昔变革路，
愿做尚美追梦人。

智美课堂组 李艳感言：

经过多位老师的梳理，“智美课堂”多次打磨，通过几个层面体现了青年路小学课堂中以学生为本位的思想，这也是我们一直不断追求的目标。

合美家长组 陆嵘嵘感言：

几经易稿，终于即将出书了。回首一年来为“尚美”教育所做的种种，百感交际。有开始创作的艰辛，有初次成稿的喜悦，更有几经删减的无奈。在搜集材料的过程中，我一次又一次被我们的“合美家长”们所感动。他们是那样的可爱，无私地奉献着，默默地支持着，与我们一起托起明天的太阳。

励美管理组 蔡敏感言：

从酝酿框架到搜集素材，再到如今正式完成书稿，不知不觉竟已过去半年多的时间，书稿撰写的过程其实也让我们静下心对学校管理工作进行了梳理。“励美管理”已取得了一些成效，但学校管理之路漫漫，尚需我们做更多的努力：让管理散发无限魅力，让师生充满无穷活力！

吉祥娃娃

你更喜欢哪一个呢？

2011级六班
陈怡然

2008级五班
戴千淳

2013级一班
甘淳博

2012级六班
戴许清

2011级三班
王文博

2011级三班
金庆扬

2010级六班
黄子健

2010级六班
张馨月

2011级三班
周雨轩